스토리의 마법

KI신서 4568

## 스토리의 마법

1판 1쇄 인쇄 2012년 12월 10일
1판 4쇄 발행 2015년 1월 5일

**지은이** 정선혜·서영우
**펴낸이** 김영곤 **펴낸곳** (주)북이십일 21세기북스
**부사장** 임병주 **이사** 이유남
**책임편집** 조유진 **디자인 표지** 모아 **본문** 성인기획 **일러스트** 추덕영
**영업본부장** 안형태 **영업** 권장규 정병철
**마케팅본부장** 이희정 **마케팅** 민안기 김흥선 김한성 강서영 최소라
**출판등록** 2000년 5월 6일 제10-1965호
**주소** (우 413-120) 경기도 파주시 회동길 201(문발동)
**대표전화** 031-955-2100 **팩스** 031-955-2151
**이메일** book21@book21.co.kr **홈페이지** www.book21.com
**21세기북스 트위터** @21cbook **블로그** b.book.com **페이스북** facebook.com/21cbooks

ⓒ 정선혜·서영우, 2012

ISBN 978-89-509-4525-1 03320
책값은 뒤표지에 있습니다.

이 책 내용의 일부 또는 전부를 재사용하려면 반드시 (주)북이십일의 동의를 얻어야 합니다.
잘못 만들어진 책은 구입하신 서점에서 교환해 드립니다.

끌리는 사람에게는 항상 이야기가 있다

# 스토리의 마법

The Magic of Story

정선혜 · 서영우 지음

21세기북스

| 추천의 글 |

직업상 회의나 강연에서 말을 할 기회가 많다. 강연이나 발표를 하면서 가장 훌륭한 PT는 내가 아는 것을 보여 주는 것이 아니라 내가 경험한 것을 이야기해 주는 것이라고 생각했다. 보여준다는 것이 말하는 사람 중심이라면 얘기해 준다는 것은 듣는 사람의 관점이다. 단순한 정보에 생명력을 불어 넣는다는 것! 이것이 이 책에서 말하는 '스토리'라는 마법의 도구가 줄 수 있는 가장 귀중한 것이 아닐까? 보여주는 것 이상의 갈증이 느껴질 때 이 책에서 제시하는 '이야기 길'을 따라가 보면 좋겠다는 생각이 든다.

__ KT 사장 이상훈

마케팅은 우리 삶의 한 부분을 구성하는 본질 중 하나다. 그렇기에 인생과 마케팅이란 뗄 수 없는 관계다. 그 연장선에서 삶에 대한 이야기를 통해 사람의 마음을 얻고자 하는 스토리텔링 마케팅은 고객 가치를 추구하는 기업 활동뿐 아니라 개인적인 삶에서도 시사하는 바가 크다.

__ LG전자 부사장 곽국연

정선혜 박사는 다른 사람에게 이야기를 전달해야 하는 직업적인 스토리텔러다. 그래서일까. 이 책에는 홈쇼핑 쇼호스트로서 스토리텔링을 소화하고 흡수하며 몸소 체험하고 마음으로 익힌 모든 것이 고스란히 담겨있다. 쇼호스트라는 자리에서 마케팅 박사 학위를 취득하며 이론을 축적하는 한편, 실무에서는 열심히 노력하며 많은 고민을 한 흔적이 글 속에 녹아 있다. 그래서 이 책은 생생하게 살아 있고 마음 깊숙이 와 닿는다.

__ COEX 대표이사 홍성원

마케팅은 우리 일상 생활과 떼려야 뗄 수 없고 밀접한 관계를 갖지만, 잘 모를 경우 자칫 어렵게 느껴질 수 있다. 이 책은 그러한 마케팅 이론을 소설처럼 쉽고 재미있게 풀어내 독자들의 이해를 끌어 낸 획기적인 이야기 자기계발서이다.

\_ 중앙대학교 의류학과 교수, 「패션상품과 소비자행동」 저자 홍병숙

사람의 마음을 움직인다는 것은 얼마나 멋지고도 어려운 일인가. 고객에게 물건을 팔기 위해, 누군가의 마음을 얻기 위해, 어떤 상황에서 상대를 설득하기 위해서도 마케팅은 필요하다. 이 책은 딱딱해질 수 있는 마케팅 이야기와 막연하고 추상적일 수 있는 스토리텔링 기법을 이제 막 사회에 발을 내디딘 신입사원 '유진'의 입장에서 조목조목 쉽고 재미있게 풀어냈다.

\_ KBS 아나운서, 〈여성공감〉 진행자 임수민

나는 마케팅이 뭔지 잘 모르는 문외한이다. 이 책은 그런 나에게도 사업에 대한 꿈과 희망을 품고, 미래에 대한 두려움을 과감히 떨쳐 도전을 하게 만든 마법 같은 책이다.

\_ 가수 피노키오 리드보컬 강주원

이야기가 중심이 되는 세상이 왔다. 아니, 원래 세상은 이야기로 구성되어 있었는지도 모르겠다. 예술이든 세일즈든 대상을 나의 이야기 속으로 데리고 오는 것이야말로 진정한 성공이 아닐까. 이 책은 말 그대로 마법처럼 사람의 마음을 움직이는 법을 가르쳐 준다.

\_ 배우 강성연

사람들이 기억하는 것은
두 시간 동안 발표한 사업 전략 세미나 내용이 아니라
발표 뒤 차 한잔 마시며 나눈 이런저런 이야기들이다.

- Dr. Jason Lee Smith

| 이야기에 앞서 |

# 삶의 가치를 높이는 스토리의 비밀

"태평양을 담아야 하는데 접시에 담을 수 없어
더 큰 그릇을 찾고자 이 회사에 지원하게 되었습니다."

어느 입사 지원자의 자기소개서 첫 줄이다. 이 인상적인 첫 문장은 인사 담당자의 시선을 끌기에 충분했다. 과연 여러분은 얼마나 인상적인 자기소개서를 쓸 수 있는가? 하버드 대학교에 지원한 한국 학생들의 자기소개서가 어찌나 천편일률적인지 입시 담당자가 꽤나 놀라워했다는 내용의 신문 기사는 새삼스럽지도 않다. 그만큼 많은 사람들이 자신을 표현하는 데 전략도 스토리도 가지고 있지 않다는 말이다.

우리는 하루에도 수많은 사람들을 만나고, 내 자신을 표현하거나 남을 설득하기 위해 부단히 노력한다. 페이스북이나 트위터 같은 소셜 미디어를 통해 사람들이 내게 더 많이 관심을 가져 주고 더 많이 '좋아요'를 눌러 주기를 은근히 바라며 수고스럽게 우리의 일상을 쓰고, 찍고, 올린다.

그렇다. 사실 우리는 사람들에게 나에 대해 좀더 잘 알리고 싶어 하는 마음이 있다. 사람들이 나에 대해 더 많이 이해하기를 바라며 그들을 내 편으로 만들고 싶어 하는 것이다.

어떻게 하면 다른 사람에게 나 자신을 잘 설득시킬 수 있을까? 이런 고민을 해봤다면 먼저 마케팅을 배워 보자. 마케팅이란 기본적으로 상대의 마음을 얻는 기술이다. 나의 장단점을 통해 주어진 여건에서 어떻게든 기회를 찾아내는 아주 멋진 전략이기 때문이다.

과거 물질적 가치를 중요시 여기던 산업 사회에서는 모든 것을 경제 활동의 산물로 보았다. 재화의 가치가 중요하고 또 사람들이 얼마나 소비하는지가 중요했다. 어떻게 하면 더 많은 돈을 벌고 상품의 가치를 극대화해 수입을 증가시킬까에 대부분의 관심이 집중되어 있었다.

하지만 지금은 어떤가? 우리는 살기 위해서만 물건을 사지는 않는다. 이제 우리는 인생을 즐기고 자신의 가치를 실현하는 데 더 많은 관심을 둔다. 다양한 문화를 즐기고 사람들과 서로의 이야기를 나누고 공감하는 데 더 많은 무게를 두는 것이다. 세상은 달라졌다. 경제의 중심이 재화에서 사람으로 옮겨 간 것이다. 여러분의 주위를 둘러보라. 이미 여러분은 자신이 속해 있는 사회의 브랜드이며, 가치 창조의 중심이다.

나와 같은 과학자들도 이제는 기술이 주도하는 세상이 아니라는 점에 공감한다. 스티브 잡스가 휴대전화의 패러다임을 바꾼 것처럼 차가웠던 기계들이 점차 사람들의 따스한 이야기를 담고 나누는 매개체로 변해가고 있다. 마케팅도 마찬가지다. 과거처럼 재화의 필요성을 강조하기보다는 그것을 통해 우리의 삶이 어떻게 변화하는지에 대한 이야기를 들려주는 데 더 많은 무게를 둔다. 이야기, 즉 스토리를 통해 사람의 마음을 움직이는 방법이야말로 가장 강력한 마케팅이다. 이것이 바로 스토리가 가진 마법의 힘이며 이를 통해 마케팅이 우리 삶의 중요한 도구가 될 수 있는 것이다.

사람들에게 자신을 알리고 싶다면, 그리고 사람들의 마음을 얻고 싶다면 스토리를 통한 마케팅에 관심을 가져 보라. 그리고 그것을 통해 만들어진 스토리가 어떻게 상대의 마음을 움직이는지 그 방법을 이해해 보라. 그러면 여러분의 인생이 좀더 흥미진진해질 것이다.

공동저자 공학박사 **서영우**

| Contents |

추천의 글 _ 4
이야기에 앞서 • 삶의 가치를 높이는 스토리의 비밀 _ 7
프롤로그 • 운명의 순간 _ 12

## PART 1
# 마케팅을 알면 인생이 보인다

| | |
|---|---:|
| 신입사원입니다 | 18 |
| 팀장의 과제 | 24 |
| 졸타에게 마케팅을 묻다 | 29 |
| **마케팅의 마법 1** 모든 것에 가치를 부여하라 | 51 |
| **마케팅의 마법 2** 호감을 얻는 기술 | 76 |
| **마케팅의 마법 3** 평범함을 특별함으로 만드는 비밀 | 107 |
| 마케팅 전략 발표 | 122 |

# PART 2
# 끌리는 사람에게는 스토리가 있다

| | |
|---|---|
| 스미스 박사와의 만남 | 132 |
| **스토리의 마법 1** 사람을 행복하게 하는 이야기 | 141 |
| **스토리의 마법 2** 마음을 사로잡는 결정적 순간 | 164 |
| **스토리의 마법 3** 흥미진진한 이야기 구성의 열쇠 | 193 |
| **스토리의 마법 4** 비즈니스에 필요한 스토리의 마법 | 210 |
| **스토리의 마법 5** 곳곳에 숨겨진 스토리 찾아내기 | 242 |
| 심판의 날 | 278 |

에필로그 • 발표, 그 후의 이야기 _ 285
저자의 글 • 사람의 마음을 움직이는 스토리의 마법 _ 298
참고문헌 _ 304

STORY... 프롤로그
# 운명의 순간

• •

인생은 진정 흥미롭다
항상 준비한 대로 되지만은 않기 때문이다

발표 자료를 꼭 쥔 손이 발걸음을 옮길 때마다 함께 떨렸다. 여기저기서 잡담을 나누는 목소리가 소란스럽게 들렸고, 심사위원들은 채점한 종이를 들춰보며 무언가 이야기를 나누고 있었다.

유진은 단상 위로 올라서자마자 눈앞으로 쏟아지는 조명에 잠시 정신이 몽롱했다. 눈을 감아 보지만 눈꺼풀 위로 붉게 쏟아지는 강렬함을 차단할 수는 없었다. 아무것도 보이지 않았다. 오직 그 빛이 주는 뜨거움만이 그녀를 무대 중앙으로 천천히 이끌었다.

유진은 한 걸음 한 걸음 강연대를 향해 나아갔다. 그러고는 정신을 가다듬고 조심스럽게 발표 자료를 내려놓았다. 그때였다. 어찌된 일인지 발표 자료들이 후두둑 바닥으로 쏟아지고 말았다.

"아!" 하는 탄성이 곳곳에서 터져 나왔다.

유진은 다시 한 번 눈앞이 깜깜해졌다. 짧은 순간이었다. 검은색 바닥으로 산산이 흩어지는 하얀 종이들이 마치 동굴 속으로 날아드는 하얀 박쥐 떼 같다는 생각이 들었다.

'두렵다. 아마도 브루스 웨인이 말한 어릴 적 공포의 순간이 이런 것이었을까?'

그 순간에도 떨어진 자료를 주워야 할지, 그냥 발표를 시작해야 할지 수차례 생각이 교차했다. 유진은 그냥 눈을 감아버렸다.

'아니야, 어차피 연습은 충분히 했잖아. 그래, 두려움은 얼마든지 이겨 낼 수 있어. 오히려 내가 잘해 낸다면 다른 발표자들이 더 위축될 거야. 하지만 그러면 뭐해. 발표 자료가 나를 도와주지 않는데. 아, 다시 새로운 이야기의 시작인가? 그래, 내 인생은 항상 그랬어. 무엇 하나 순조롭게 시작된 적이 없었지. 그렇더라도 이번만큼은 정말 잘하고 싶은데……'

유진이 머뭇거리자 장내에 잠시 소동이 일었다. 사람들은 단상에 서서 어쩔 줄 모르는 발표자를 향해 우려의 목소리를 내기 시작했다.

그때 유진이 무언가 결심한 듯 마이크를 잡아 자신 쪽으로 바짝 끌어당겼다. 다소 상기된 유진의 목소리가 무대 양옆의 스피커를 통해 흘러나왔다.

"놀라셨죠, 여러분. 사실은 제가 더 놀랐습니다."

작은 웃음소리가 곳곳에서 들려왔다. 유진은 기운을 냈다.

"인생은 정말 흥미롭습니다. 항상 준비한 대로 일이 되지는 않기 때문이죠."

이번에는 좀더 큰 웃음소리와 함께 박수도 터져 나왔다.

"그렇기 때문에……"

잠시 유진이 말을 멈췄다. 사람들의 시선이 유진의 얼굴에 집중됐다.

"우리의 인생은, 우리의 삶은 특별합니다. 지금 이 순간 발표 자료들이 바닥에 흩날린 이 당황스런 상황 역시 우리의 기억에 하나의 스토리로 남게 될 것입니다. 물론 오늘은 좀더 특별할지도 모르겠습니다. 제 발표에 저뿐만 아니라 저희 팀원 전체의 운명이 걸려 있기 때문이죠."

사람들의 얼굴에 당황스러운 기색이 역력했다. 어쩌면 그들은 운명이라는 단어를 기대한 게 아니었을지 모른다. 몇몇 심사위원들이 고개를 저으며 불편한 표정을 지었다. 유진이 마이크를 뽑아 들고는 사람들의 얼굴을 살피며 천천히 무대 중앙으로 걸어 나왔다. 바닥에 널려 있던 발표 자료들이 유진의 발에 밟히며 바스락바스락 소리를 냈다. 마치 보란 듯이 밟고 지나가는 것 같았다.

"제가 오늘 발표할 주제는 단순히 사업 아이템이나 비즈니스 아이디어에 관한 것이 아닙니다. 이것은 우리가 앞으로 이 치열한 인생에서, 치열한 경쟁에서 살아남기 위한 방법이기도 합니다. 그것은……."

사람들이 일제히 숨을 죽이고 유진의 말에 귀를 기울였다.

"그것은 마법 같은 힘이죠. 바로 '스토리의 마법'입니다."

사람들이 웅성거리기 시작했다. 갑자기 인생의 치열한 경쟁을 운운하다 말고 마법이라니……. 곳곳에서 고개를 갸웃거리는 사람들의 모습이 포착됐다.

"우리의 미래를 지켜 줄 하나의 마법 같은 힘을 오늘 여러분들께 소개해 드리고자 합니다."

유진의 목소리에서 어느새 힘이 느껴졌다. 이렇게 유진의 발표가 시작됐다.

# PART 1
# 마케팅을 알면 인생이 보인다

사람의 마음을 얻는 기술,
그것이 마케팅이다

STORY...
# 신입사원입니다

● ●
사람에 대한 첫 평가는
종이 한 장으로 이뤄진다




한 달 전…….


　오늘은 유진이 S상사의 여의도 본사로 첫 출근을 하는 날이다. 그동안 신입사원들은 오리엔테이션을 통해 여러 계열사들을 두루 방문했었다. 직접 생산 공장에 가보기도 하고 계열사인 S홈쇼핑의 콜센터에서 일일 상담원으로 일하기도 했다. 유진에게는 그 모든 것이 새로운 경험이었으며, 직장인이 되어 이렇게 큰 회사에 다니게 된다는 게 꿈만 같았다.
　유진이 탄 초록색 버스가 이제 막 여의도 둔치의 한강공원을 지나고 있었다. 버스 창가에 머리를 기댄 채 강변을 바라보았다. 많은 사람들이 자전거도 타고 산책도 하고 있었다. 오늘따라 강이 바다처럼 넓다는 생각이 들었다. 앞으로 매일 지나게 될 이 길.

'강은 언제나 그대로이고 공원도 그대로겠지. 하지만 저기 저 아래에 있는 사람들은 매일매일 바뀔 거야. 그러면서 다들 본인이 담아간 강의 낭만에 대해 이야기하겠지.'

버스에서 내린 유진은 눈앞에 우뚝 솟아 있는 커다란 건물에 압도당했다. 고개를 들어 건물 위쪽을 올려다보았다. 황금색 외장으로 마감된 건물은 아침 햇살을 온몸으로 받아 마치 이글거리는 태양을 품고 있는 듯했다. 입구에 들어서자 신입사원 몇몇이 이미 도착해 있었다. 건우와 서연도 벌써 도착해 회전문을 통해 들어서는 유진을 반갑게 맞아 주었다. 로비에 모인 신입사원들은 인사팀 담당자의 안내를 받으며 55층 회의실로 함께 이동했다.

유진은 이 많은 사람들이 엘리베이터를 이용하려면 적어도 두 번은 움직여야겠다고 생각했다. 그런데 웬걸, 엘리베이터의 크기가 어찌나 큰지 유진의 염려는 기우에 불과했다. 신입사원 중 한 명이 55층의 버튼을 눌렀다. 그러나 아무리 눌러도 버튼에 불이 들어오지 않았다.

그러자 인사팀 담당자가 웃으며 버튼 옆의 특수 표시에 손가락을 가져다 댔다.

"신원이 확인되었습니다."

엘리베이터에서 안내 멘트가 나오고서야 비로소 55층의 버튼에 불이 들어왔다. 유진은 모든 게 얼마나 신기한지, 과연 최고의 회사는 다르다는 생각이 들었다.

"저희는 보안이 철저해서 일부 층은 출입이 허가된 분야의 담당자들만 들어갈 수 있습니다. 물론 출입 기록도 모두 남습니다."

인사팀 담당자는 건물 자체가 1급 보안 시설이라서 직원이더라도 출입할 수 있는 층이 제한되어 있다는 사실을 강조했다. 엘리베이터는 무척 빠른 속도로 55층을 향해 움직였다.

띵! 경쾌한 소리와 함께 엘리베이터 문이 열리고 정면에 55층임을 알리는 안내판이 눈에 들어왔다.

**편견의 벽**

오전 시간, 각 부서의 팀장을 비롯해 임원들과 간단한 인사를 마친 뒤 신입사원들은 각각의 부서에 배치됐다. 사업팀에 발령을 받은 사람은 유진이 유일했다.

15층으로 내려간 유진은 어렵지 않게 사업 2팀을 찾았다. 조용히 문을 열고 들어가자 넓지 않은 공간은 파티션으로 각각의 자리가 구분되어 있었다. 정면에는 여러 가지 색상의 메모지들이 어지러이 붙어 있는 커다란 세계지도가 자리하고 있었다.

유진은 인사를 하러 팀장실로 들어갔다. 전화를 받고 있던 허 팀장은 안경 너머로 유진을 빤히 바라보더니 전화기를 목에 끼운 채 유진이 건넨 서류를 넘겨받아 뒤적뒤적 읽기 시작했다.

"아, 참! 인사팀 정말 너무하네."

팀장이 불만 섞인 목소리로 중얼거렸다.

"무슨 사업이 장난이야? 왜 맨날 이런 애들만 보내는 거야. 경력이 왜 이래! 리포터? 참나, 데려다 사내 방송이나 시키던지……."

유진은 당황스러웠다. 사실 특채로 선발된 것에 대해 본인 스스로도 얼떨떨하긴 했지만 그렇다고 사람을 앞에 두고 이렇게 대놓고 핀잔을 주는 건 좀 심하다 싶었다.

"당신이 정유진?"

전화기를 내려놓고는 잡아먹을 듯 바라보는 팀장의 얼굴이 위협적으로 다가왔다.

"네, 제가 정유진입니다……."

유진은 꿀꺽 침을 삼켰다. 팀장은 못마땅하다는 표정으로 질문을 퍼부었다.

"전공이 뭡니까?"

"패션디자인입니다."

"마케팅 공부는 해봤나? 무역업이나 경영, 경제 이론 이런 것들은?"

"아니요. 하지만 시켜만 주시면 뭐든지 잘할 자신 있습니다."

유진은 떨리는 마음을 애써 진정시키며 굳은 의지를 보이려 목소리에 힘을 주었지만 얼굴에는 긴장한 표정이 역력했다.

"좋은 대학 출신도 아니고 그렇다고 경력이 있는 것도 아니고 어떻게 이곳에 들어왔지? 다른 사람들은 어떤지 모르겠지만 난 낙하산들을 정말 싫어해. 정유진 씨! 무슨 백이 있는지는 모르겠지만, 제대로 해요. 할 말 없으면 나가 봐요. 나가면 박 대리가 자리 안내해 줄 거요."

팀장의 퉁명스러운 반응에 유진은 왈칵 눈물이 쏟아질 것만 같았다. 낙하산이라니……. 비록 변변한 경력은 없지만 필기시험도 만점을 받았고 엄연히 전형을 통과해서 입사한 자신더러 낙하산이라니. 정말 이런 대접을 받으리라고는 상상하지도 못했다.

'누군가에 대한 평가가 오직 제출된 서류 몇 장으로 이뤄지다니! 좋은 학교에 가지 못한 것도 다 그만한 사정이 있을 수 있고, 전공이 독특한 것도 나름의 이유가 있을 텐데……. 어차피 해보지 않은 일이라면 그 사람이 일을 잘할 수 있을지 아닐지는 시켜 봐야 아는 것 아냐? 그런데 그런 경력이 없다고 해서, 좋은 배경을 갖고 있지 않다고 해서 무조건 무시하는 건 또 다른 편견이자 불합리한 처사 아니냐고?'

유진의 볼을 타고 주르르륵 한 줄기 눈물이 흘러내렸다. 분하고 억울했다. 허 팀장이란 사람은 1분 만에 사람을 분노하게 만드는 재주가 있다는 생각이 들었다.

하지만 이 정도는 앞으로 만나게 될 시련의 시작에 불과하다는 것을 유진은 모르고 있었다.

# STORY...
# 팀장의 과제

● ●

세찬 비바람에는
큰 나무도 이리저리 흔들릴 수밖에 없다

무거운 눈꺼풀을 겨우 들어 올려 보지만, 유진은 도저히 일어 날 수 없었다.

'아, 어제 무슨 일이 있었지? 맞아, 신입사원 환영회였지. 그래, 선배들이 계속해서 술을 권했었어. 억울한 게 많아 나름 뭔가 주장을 했던 것 같은데······. 그러곤 1차를 마치자마자 지나가는 택시를 잡아 충동적으로 그냥 들어와버린 것 같아.'

한참 동안 베개를 붙들고 데굴거리는 동안 유진의 머릿속에 지난밤의 기억들이 조금씩 되살아났다. 그렇지만 갑자기 사라진 신입사원 때문에 당황했을 직원들 걱정이나 할 때가 아니었다.

유진은 겨우 일어나 멍한 머리를 추스르고는 대충 씻은 뒤

매일 아침의 일과인 산책을 나섰다. 유진에게는 가족과도 같은 존재인 고양이 빈도 함께였다. 하루 종일 집에 있어야 하는 녀석을 위해 코에 시원한 바람이라도 넣어 주고자 유진은 이렇게 매일 아침 고양이와 함께 산책을 나가고 있었다. 둘이 산책하는 모습을 보면 지나가던 사람들이 종종 한마디씩 하곤 했다.

"어머, 강아지 참 예쁘다!"

아마 고양이 빈이 이 말을 알아듣는다면 꽤나 자존심이 상할 터였다. 유진이 웃으며 대꾸를 했다.

"얘는 고양이예요. 페르시안인데, 이름은 빈이에요."

"어머나, 고양이가 이렇게 산책도 해요? 신기하네!"

사람들이 호기심 어린 눈초리로 빈을 이리저리 살폈다. 빈은 그런 사람들의 시선은 아랑곳하지 않은 채 주위를 살필 뿐이었다.

빈은 산책을 즐기는 신기하고 특이한 고양이였다. 흔히 고양이들은 경계심이 많아 낯선 사람이 나타나면 어디론가 숨기 마련이지만 이 녀석은 아기 때부터 사람들을 별로 무서워하지 않았다. 다만 빈이 산책하는 모습은 일반 강아지들과 달리 좀 독특했다. 배를 축 늘어뜨리고 좌우를 살피며 미끄러지듯 신속하게 발걸음을 옮기는 게 마치 새를 잡기 위해 낮은 자세로 기어가는 들고양이의 모습처럼 날렵했다.

산책로 사이로 아침 햇살이 비스듬히 비쳐든다. 이 이른 시간에도 출근하는 사람들, 운동하는 사람들, 또 분주히 학교로 나서는 학생들이 무척이나 많았다. 힘들게 잠자리를 박차고 나오긴 했지만, 유진에게 이 짧은 산책 시간은 바쁘게 사는 사람들의 모습을 보며 오늘 하루 더욱 열심히 살고자 다짐하는 기회이기도 했다.

아침 산책을 마치고 나자 어느 정도 정신이 들었다. 오늘부터는 실질적인 업무의 시작이었다.

**갑작스런 위기**

임원회의를 마치고 자리로 돌아온 허 팀장의 표정이 무척이나 안 좋아 보였다. 허 팀장은 급히 과장과 대리들을 불러 모았다. 회의는 두 시간 정도 계속됐다. 영문을 모르는 유진은 불안한 마음으로 자리를 지켰다. 바늘방석이 따로 없었다.

이윽고 회의가 끝났는지 회의실 문이 열리고 풀 죽은 모습의 사람들이 하나둘씩 나오기 시작했다. 사무실이 이내 소란스러워졌다.

허 팀장이 회의실에서 나오자마자 호통을 쳤다.

"모두들 조용히 하세요!"

순식간에 사무실이 쥐죽은 듯 조용해졌다.

"명심하세요! 여러분의 운명이 걸려 있는 평가입니다. 1차 평가까지 2주일 정도 기한이 있으니까 다들 열심히 해봅시다!"

으름장을 놓고는 자신의 자리로 돌아가던 허 팀장이 유진이 옆에 멈춰 섰다.

"그래, 신입생. 우리 같이 일해야겠지?"

갑작스런 팀장의 말에 유진이 당황했다.

"네, 물론이죠. 열심히 하겠습니다."

유진의 목소리가 심하게 떨렸다.

"뭐, 공부는 한 바 없다고 했고. 그럼 마케팅에 대해 상식은 좀 있나? 마케팅의 4P는 들어 봤어? 캐시 카우는? 세그먼테이션은?"

쉴 새 없이 몰아붙이는 팀장의 질문에 유진은 당황해서 어떤 것도 제대로 대답하지 못했다. 사실 언젠가 들어 본 것 같은 말인데, 입안에서만 맴돌 뿐 정확하게 설명하기가 어려웠다.

"저……."

결국 유진은 아무 대답도 못하고 허 팀장의 얼굴만 물끄러미 바라보았다.

"어차피 이 방 안에서 유진 씨를 도와줄 수 있는 사람은 아무도 없다는 사실 명심해! 우리 코도 석 자거든. 자, 우리 신입생은 '마케팅'에 대해 세미나를 준비해. 아! 너무 막연한가? 그럼 'S상사의 미래를 위한 마케팅'이라고 하지. 세미나는 다음 주 화요일 오후 3시 회의실에서! 만약 내 맘에 안 들면 그땐 알아서 하라고!"

"아, 네. 알겠습니다, 팀장님!"

허 팀장은 슬리퍼를 끌며 복도로 나갔다. 아마도 담배를 피우러 가는 모양이었다.

"유진 씨, 팀장님이 저래 보여도 친해지면 부담스러울 정도로 아껴 주시는 분이니까 너무 겁먹지 말고 열심히 해봐요."

옆에 있던 김 과장이 한마디 하며 지나갔다. 다른 직원들은 아무 일도 없다는 듯 모니터에 머리를 처박고는 무언가를 열심히 클릭 하고 있었다.

유진은 앞으로의 생활이 얼마나 험난할지 눈에 보이는 듯했다. 하지만 방법은 없었다. 팀장이 준 첫 번째 미션을 잘해 내는 수밖에. 유진은 무심코 창밖을 내다보았다. 큰비가 오려는지 어두컴컴한 하늘을 배경으로 커다란 나무의 실루엣들이 정신없이 이리저리 흔들리고 있었다.

# STORY...
# 졸타에게 마케팅을 묻다

● ●

인생이 살아볼 만한 이유는
오늘 어떤 인연을 만날지 모르기 때문이다


퇴근 시간, 팀장이 내린 미션을 제대로 해보고자 하는 마음에 유진은 시내의 큰 서점을 찾았다. 아무래도 마케팅에 관한 공부가 필요할 것 같았다. 유진은 우선 마케팅 관련 서적 코너를 두루 살필 작정이었다.

역시나 서점에는 마케팅 서적들이 넘쳐났다. 진열대에 있는 책들뿐만 아니라 옆의 서가에도 수많은 마케팅 관련 서적들이 빽빽하게 꽂혀 있었다.

'아! 큰일이네. 너무 책이 많아서 도무지 어떤 책을 골라야 할지 감이 안 잡혀.'

유진은 혹시 교재를 활용하는 게 더 나은 선택이 아닐까 싶어 대학 교재 쪽 코너를 살펴보았지만 그쪽은 더 답이 없었다. 책들의 두께가 어마어마했고 가격 또한 상당했다.

그때 눈에 확 띄는 책 하나가 있었다.

『마케팅 원론』 박지문 저.

'아! 박지문 교수님!'

유진은 오랜만에 보는 낯익은 이름에 눈이 번쩍 뜨였다. 박지문 교수는 유진이 리포터로 활동하던 대학생 시절 인터뷰를 했던 교수였다. 그는 당시 '한국을 빛낸 100인의 지식인'에 선정된 마케팅계의 원로였다.

'이분이라면 나를 도와주실 수 있을지도 몰라.'

유진은 가방에서 휴대전화를 꺼내 주소록을 뒤졌다. 다행이 전화번호가 저장되어 있었다.

'휴, 다행이다. 주소록에 저장되어 있었네.'

하지만 그사이 전화번호가 바뀌었을지도 모를 일이었다. 그래도 혹시나 싶어 통화 버튼을 살짝 눌러 봤다. 다행이 신호가 갔다. 그러나 한참이 지나도 전화를 받지 않았다. 유진은 하는 수 없이 종료 버튼을 누르고 문자 메시지를 쓰기 시작했다.

예전에 인터뷰를 했던 정유진이라고 하는데 이번에 S상사에 들어가게 되었고 이러저러한 일로 마케팅 관련해 급히 도움을 받고 싶다는 내용이었다. 쓰고 보니 꽤나 장황했다.

유진은 전송 버튼을 누르려다 말고 메시지 내용을 몇 번이고 다시 읽었다. 오랜만에, 그것도 부탁하는 입장에서 보내는 메시지인데 오타라도 있으면 얼마나 성의 없어 보일까 싶은 생각에 유진은 꼼꼼하게 읽고 또 읽었다. 그런 뒤 떨리는 손으로 전송 버튼을 눌렀다.

'휴!'

마치 잠에서 깨어난 것처럼 다시 시끄러운 소리들이 귓속으로 밀려들었다. 서점 안은 사람들로 넘쳐났고 경제경영 관련 서적 코너는 특히 더 북새통을 이뤘다. 그 옆의 문구 코너에서는 쉬지 않고 음악 소리가 들려왔다. 진열대에 옹기종기 모여 있는 형형색색의 앙증맞고 예쁜 볼펜들이 메모를 좋아하는 유진을 유혹했다. 유진은 저렇게 예쁜 펜으로 글을 쓰면 더 잘 써질 것 같다고 생각했다. 각양각색의 문구류들을 둘러보던 유진은 음악 소리 때문에 혹시 전화벨 소리를 듣지 못할까 봐 걱정이 됐다. 유진은 얼른 가방 안에 있던 휴대전화를 꺼내 진동으로 바꾸고는 한 손으로 꼭 붙들어 쥐었다. 그렇게 두 시간 정도 이곳저곳을 둘러보았지만 휴대전화는 여전히 울리지 않았다. 혹시 꺼져 있는 건 아닌지 유진은 한 번씩 휴대전화의 버튼을 눌러 확인하기를 잊지 않았다. 그럴 때마다 전화기는 당연하다는 듯 켜져 있었다. 그러나 부재중 전화도, 신규 메시지도 일체 없었다. 혹시 전화기가 고장 난 것은 아닐까 하는 생각마저 들었다.

그때였다. 손에 쥐고 있던 전화기에서 윙 하고 문자 메시지를 알리는 진동음이 울렸다.

'교수님?'

반가운 마음에 유진은 급히 휴대전화의 화면을 터치했다.

'사랑합니다. 700만 원 신용대출 가능합니다. 김미영 팀장'

'아, 정말 이놈의 대출 문자는! 김미영 팀장님, 송혜교 팀장님은 3000만 원 가능하다고 했거든요. 그리고 전 당신을 사랑하지 않아요!'

기대했던 마음이 와르르 무너지고 말았다. 유진은 다시 서점의 이쪽저쪽으로 발걸음을 옮기며 몇몇 책들을 들춰보았다. 그렇게 한참이 지났다. 서점 안에는 이미 사람들의 수가 눈에 띄게 줄어 있었다. 직원들도 슬슬 정리를 하려고 준비하는 듯했다. 유진은 안타까운 마음이 들었지만 투자한 세 시간이 아쉬워서라도 그냥 나올 수는 없었다. 아무 책이든 하나 사야겠다고 생각했다. 그때 유진의 눈에 '화제의 신간'이라는 푯말이 눈에 들어왔다. 그리고 그 밑에 『초보자를 위한 마케팅의 기초』라는 제목의 책이 눈에 띄었다. 초보자를 위한 책이라면 분명 자신에게 적합한 책일 거라고 생각한 유진은 서둘러 그 책을 집어 들고는 계산대로 향했다.

지하철을 타고 오는 동안 유진은 책을 펼쳐 이곳저곳을 훑어보았다.

'아! 보면 볼수록 드는 이 배신감.'

유진은 실망감을 감추지 못했다. 서점에서 대충 봤을 때는 체계적으로 잘 정리되어 있는 것 같았다. 그런데 막상 꼼꼼히 읽어 보니 머리가 더 혼란스러워지는 느낌이었다. 그림도 있고 내용도 쉬워 보였지만 논리의 비약이 어찌나 심한지 쏟아져 나오는 개념들이 도무지 이해되지 않았다. 두꺼운 책에 담겨 있는 내용을 요약해 놓은 것에 불과했다.

'이게 무슨 초보자를 위한 마케팅이냐고! 그냥 마케팅 개론 요약해 놓은 거네. 요점 정리만 해놓으면 쉽게 이해할 수 있을 거라고 생각한 건가?'

지하철 개찰구를 빠져 나오는 유진의 발걸음은 무겁기만 했다. 그때였다. 저쪽에 유진의 눈을 잡아끄는 것이 있었다.

'당신의 고민을 들어 드립니다.'

'아, 저건!'

전철역 한구석, 투명한 유리 박스 안에 들어 있는 낯익은 인형을 보자 유진은 신기하기도 하고 또 반갑기도 했다. 깃털이 달린 하얀색 터번, 긴 수염, 넉넉한 아라비아풍의 남색 조끼. 바로 졸타$^{Zoltar}$였다. 영화 〈빅〉에 나오던 바로 그 졸타와 무척이나 닮은 인형이었다. 소원을 말해 보라던 영화 속 졸타와 달리 유진의 눈앞에 있는 인형은 '당신의 고민을 들어 드립니다'라고 말하고 있었다. 보아 하니 돈을 받지는 않는 것 같았다. 졸타 앞에 놓인 커다란 유리구슬에 바코드가 찍혀 있었다. 유진은 휴대전화를 들어 그 앞에 대고 코드를 읽었다. 그러자 고민을 입력하는 창이 열렸다. 거기엔 녹음을 할 수도 있고 편지를 쓸 수도 있었다.

누구의 도움이라도 절실했던 유진은 이렇게라도 자신의 고민을 털어놓아 보자고 생각했다. 그 상대가 졸타든 인형이든 그런 건 중요하지 않았다. 유진은 고민 입력 창에 글을 적기 시작했다.

'S상사에 처음 입사한 신입사원이에요. 마케팅 전략에 대해 발표를 해야 하는데 제가 잘 몰라서요. 어떻게 하면 좀더 쉽게 공부할 수 있을까요? 좋은 방법을 알려 주세요. 감사합니다.'

S상사라고 쓸까 말까 고민하던 유진은 문득 S상사 수준에 도움이 될 만한 답을 얻으려면 회사를 밝히는 게 나을 거라는 생각이 들었다. 작성자 칸에 유진이라고 쓰고는 전송을 눌렀다. 그러자 곧바로 문자 메시지가 떴다.

'와, 벌써 답장이 온 거야?'

유진은 깜짝 놀라 얼른 메시지 창을 열었다.

'유진 님의 고민이 접수되었습니다. 답변은 24시간 내에 이뤄집니다. 행운을 빕니다.'

'뭐야. 답이 아니잖아? 하기야 기계가 할 수는 없는 일일 테고, 답변을 해주는 사람들도 퇴근은 해야 하니까. 그래도 24시간은 나처럼 급한 사람에게는 너무 긴 시간인데……'

유진은 실망스럽기도 하고 허탈하기도 했다. 그래도 누군가에게 자신의 고민을 털어놓아서인지 조금은 속이 후련해진 것 같다는 생각도 들었다. 그렇게 유진의 입사 이틀째 날이 저물고 있었다. 답답하기만 한 하루였다.

다음 날 아침. 막 출근을 하려는데 '딩동' 하고 문자 메시지 소리가 울렸다. 발신자는 '졸타'였다.

'아! 이제야 나의 고민이 해결되려나?'

유진은 너무도 반가운 마음에 재빨리 메시지 창을 열었다.

'쓰레기 같은 회사에 들어갔군. 마케팅이고 뭐고 빨리 나오는 게 좋을 듯!'

"뭐야! 이게 무슨 상담이야? 게다가 반말이라니!"

유진은 화가 났다. 이런 식의 답변은 고민 해결과는 거리가 멀었다. 혹시 누가 장난을 치는 건 아닐까 하고 생각했다.

'그렇지 않고서는 이런 답변을 보낼 수는 없는 거잖아. 공공

장소에 설치된 기계에서 말이야!'

유진은 흥분된 마음을 진정할 수 없어 바로 답장을 쓰기 시작했다.

'당신이 누군지는 모르겠지만 지나치게 무례한 거 아닙니까? S상사는 우리나라 최고의 기업입니다. 물론 부정적인 부분도 있겠지만 적어도 당신에게 쓰레기라는 소리를 들을 만큼 형편없는 곳은 아니라고 생각합니다. 그리고 제가 오죽하면 졸타에게 고민을 털어놓았겠습니까. 당신은 고민 상담을 해주기를 바라는 사람이 얼마나 절박한지 모르는 것 같군요. 상대의 이런 절박함을 헤아려 본 적이 있기는 합니까?'

유진은 몇 번을 지우고 다시 썼다. 너무 흥분해서 심한 말을 썼다가 그래도 혹시 몰라 최대한 순화해서 고치고 고쳤다. 전송을 누르면서도 손가락이 부들부들 떨렸다. 보내 놓고도 진정이 되지 않았다. S상사를 쓰레기라고 하다니, 도저히 참을 수 없었다.

회사로 향하는 버스 안에서 또 '딩동' 하고 문자 메시지가 울렸다. 또 졸타였다.

'화났나? 미안하네. 도움을 주고 싶으니 오늘 시간 되면 찾아오게.'

'뭐지 이건? 장난하는 것도 아니고!'

그런데 반말 투의 메시지 아래쪽에 지도와 주소가 함께 수신되어 있었다. 유진은 기분이 나쁘기도 한 데다 느닷없이 어디로 찾아오라고 하는 것 또한 꽤나 수상하다고 생각했다.

'혹시 이런 식으로 해서 사람을 유인하는 것은 아닐까? 모든 사람에게 이런 식으로 상담할 리는 없을 텐데. 괜히 S상사에 다닌다고 밝혔나?'

생각해 보니 이름이며, 전화번호, 다니는 회사까지 다 알려 준 꼴이 되고 말았다. 누군지도 모르는 사람에게 생각 없이 개인 정보를 마구 알려 준 것 같아 후회가 막심했다. 유진은 자신의 개인 정보를 가지고 장난치는 사람을 찾아야겠다고 생각했다.

'혼자 가면 안 될 텐데. 경찰을 대동하고 가야 하나. 경찰들이 그렇게 한가하지는 않지. 그래, 여럿이 함께 가면 괜찮을 거야.'

유진은 순간 건우와 서연을 떠올렸다. 같이 입사한 절친한 친구들이 아닌가. 유진은 건우와 서연에게 전화를 걸어 저녁에 같이 만나자고 제안했다. 다행히도 두 사람 모두 흔쾌히 승낙했다.

근무를 마친 세 사람은 저녁을 먹으려고 회사 3층에 있는 음식점에 모였다. 세 사람이 이렇게 함께 모여 식사를 하는 것도 꽤 오랜만이었다. 그런데 유진이 졸타 이야기를 꺼내기도 전에 서연이 충격적인 소식을 전했다. 회사에서 추진하던 중동 지역 에너지 사업 투자가 국제 경제위기와 맞물려 큰 손실을 보게 되었다는 것이었다. 그동안 많은 위기를 겪었던 S상사였지만 자금이 이미 어마어마하게 투자되어 있는 터라 이번엔 쉽지 않을 것이라는 전망이었다. 그에 따라 그룹 내에서 몇 개의 자회사 매각 추진과 S상사 본사에 대한 강력한 구조조정이 있을 것이라고 했다. 대표적인 예가 일부 사업부의 조정이라고 했다. 아마도 사업부 팀장들에게는 통보가 갔을 것이라는 게 기획팀에 발령 받은 서연의 이야기였다. 유진은 깜짝 놀랐다. 이렇게 중요한 일을 팀 내 누구도 자신에게 한마디 언급조차 하지 않았던 것이다. 건우도 놀라는 눈치였다.

"어떻게 같은 부서 사람에게 아무 말도 안 할 수 있지? 이번 구조조정은 일부 사업부를 통째로 해고하는 형태로 이뤄질 거라고 하던데. 그리고 유진이가 있는 사업 2팀이랑 몇 개 팀이 이미 그 대상에 올라 있다는 소문이야."

유진은 황당하기도 하고 당황스럽기도 했다.

"어떻게 부서를 통째로 없앨 수가 있니? 그 안에는 분명히 능력 있고 일 잘하는 사람도 있을 텐데. 개개인의 성과를 전반적으로 감안해서 조정을 하는 게 맞는 거 아니야?"

서연이 고개를 끄덕였다.

"물론 네 말이 일리는 있어. 회사 차원에서도 그렇게 하는 게 좀더 유능한 사람들을 많이 남길 수 있고. 하지만 오히려 그런 구조조정이 회사 분위기를 더 해친다고 생각하는 것 같아. 어차피 팀워크를 강조하는 게 S상사의 철학이었고 또 그동안 성과 배분 역시 팀 단위로 이뤄졌기 때문에 구조조정도 그렇게 진행하는 것 같아."

유진은 몹시 속이 상했다. 그러고 보니 신입사원 중에 사업부서로 발령 받은 것은 자신뿐이었다. 게다가 발령 부서 역시 회사 내에서 가장 문제 부서로 여겨지던 사업 2팀이었다. 애초부터 이 회사는 자신에게 기대하는 게 없었다는 생각이 들자 서러운 마음에 가슴이 답답해졌다.

유진의 표정을 읽은 건우도 안타깝기는 마찬가지였다.

"유진아, 잘될 거야. 사업 2팀이 실력이 없다기보다는, 다만 허 팀장님이 좀 괴짜 같아서 임원들하고 많이 부딪치는 것 같아. 어쨌든 최종 결정은 3주 뒤에 있을 사업부서 평가회에서 있을 거래. 중간에 각 부서들은 소명 자료를 제출할 예정이니까 허 팀장님이 좀더 노력한다면 큰 문제는 없을 거야. 우리 희망을 가져 보자."

"그래, 유진아. 아무래도 지금 사장님이 좀 젊다 보니 회사 중역들이 사장님에게 뭔가 본보기를 보여 주려고 그러는 것 같

아. 길들이려고 하는 것 같기도 하고. 이번에 신입사원 채용도 좀 파격적이었잖아. 그래서 일부 임원들이 사장님의 그런 새로운 시도를 못마땅해하는 것 같아. 그래서 경제위기를 핑계로 사장 편에 있는 사업부서들을 없애려고 한다는 말도 있어. 애꿎은 새우 등만 터지는 거지."

유진은 물끄러미 창가를 바라보았다. 희망의 푸른색이었던 한강은 저문 해를 뒤로 하고 내려앉은 어둠과 함께 어느새 검은색으로 흘러가고 있었다. 유진은 입사한 회사에서 자신의 능력을 인정받지 못했다는 생각에 그동안의 생활을 되돌아보았다.

'정말 허 팀장의 말대로 나는 패배자일까? 빠삐용이 죽음을 앞두고 들었던 말처럼 정말 나도 인생을 낭비한 죄를 지은 것일까? 경영이나 마케팅에 관심을 갖지 않았던 지난날들이 과연 무의미하게 보낸 날들이기만 한 것일까?'

유진이 두 친구를 향해 입을 열었다.

"너희들은 마케팅에 대해 잘 알지?"

유진의 갑작스런 질문에 건우가 잠시 머뭇거렸다.

"그냥 뭐 교양으로 경영학 개론 정도 들었지."

"맞아. 나도 법학을 전공하기는 했지만 경영학하고 회계학 개론은 들었었어. 졸업하면 회사에 취직할 테고 언젠가는 관리자를 하게 될 테니까. 혹시 치킨 집이라도 열게 될지 모르고."

서연의 말에 건우가 고개를 끄덕이며 미소를 지었다. 그러나 유진의 표정은 꽤 진지했다.

"너네들은 법도 잘 알고 경영도 잘 알아서 좋겠다. 그런데 그게 그렇게 중요하니? 지금 내가 그것 때문에 이렇게 힘이 들어야 할 만큼?"

건우는 유진의 한탄에 고개를 설레설레 흔들었다.

"유진아, 전혀 그렇지 않아. 그게 뭐 대수라고. 그런 거 몰라도 얼마든지 잘할 수 있어! 물론 대학에서 좀더 여유 있게 배우는 것도 좋지만 어차피 우리도 그렇게 진지하게 공부했던 건 아니야. 게다가 대부분은 지금 기억도 안 나고.

어차피 마케팅은 자기가 필요하면 거기에 맞춰 그때그때 지식을 쌓아 가면 돼. 우리도 지금 당장은 필요하지 않잖아. 그리고 유진이 네가 지금 그런 부분들이 필요하다면 이제부터 알아 가면 되는 거야. 어때? 신입사원 연수 때처럼 같이 세미나라도 해볼까?"

"그래! 입사한 신입사원 모두를 영업소에 배치하는 회사도 있다고 들었어. 고객의 소리를 듣고 고객이 원하는 것을 이해하면 그 회사에서 추구해야 할 방향을 알 수 있는 거라고 하잖아. 아마도 유통이 주력 사업인 S상사의 회사 분위기가 그런 마케팅 능력을 강조하는 건지도 모르지. 유진아, 나도 같이 할게. 우리 셋이 함께 열심히 하면 무엇이든 다 잘할 수 있을 것 같아!"

건우와 서연의 다짐에 유진은 적잖이 위안이 됐다.

"고마워, 모두들. 어차피 팀장님도 내게 2주일의 시간을 주셨으니까 그동안 열심히 노력해 봐야겠어. 그렇게 해서라도 우리의 노력이 사업 2팀을 살려 내는 데 도움이 되면 좋을 텐데."

유진의 말에 건우와 서연도 고개를 끄덕였다. 그때 유진의 머릿속에 졸타를 만나러 가기로 한 사실이 떠올랐다.

"아, 오늘 밤에 우리 잠깐 들를 데가 있어. 혹시 졸타라고 알아? 지하철역에 있던데."

건우와 서연이 처음 듣는 이야기라는 표정을 지었다. 유진은 간밤에 있었던 이야기를 두 친구에게 들려주었다. 두 사람은 꽤나 흥미롭다는 반응을 보였다.

"돈도 안 받고 고민을 들어준다! 얼핏 보면 공익 서비스인 것 같은데 그런 막말을 했다는 거지? 그 정체가 뭘까? 혹시 애들이 장난하는 건 아닐까? 되게 궁금하네."

"그렇다면 우리 너무 늦기 전에 빨리 찾아가 보자. 나도 궁금해."

건우와 서연이 서둘러 가방을 들고 일어섰다. 회사의 상황 역시 한 치 앞을 알 수 없이 막막했지만, 우선은 졸타를 만나야 했다. 유진은 졸타 생각을 하니 아침의 흥분이 다시 떠올라 겨우 가슴을 진정하고서야 식당을 나섰다.

**졸타와 진실의 입**

택시에서 내린 세 사람의 눈에 '가로수길 155번지'라고 크게 쓰인 주소의 표지판이 들어왔다. '카페 젤라토'라고 쓰인 간판 속의 글씨들이 어둠 속에서 하얗게 빛나고 있었다.

젤라토라면 로마의 휴일에 나오는 바로 그 아이스크림. 유진의 머릿속에 스페인 계단에 앉아 달콤한 젤라토를 즐기던 오드리 헵번의 사랑스러운 모습이 떠올랐다. 졸타도 그렇고 젤라토도 그렇고, 아마도 이 모든 상황이 영화를 무척이나 좋아하는 사람과 연관되어 있을 것만 같았다.

세 사람은 문을 열고 카페 안으로 들어섰다. 카페는 무척이나 넓었고, 어둡고 붉은 빛의 조명이 듬성듬성 자리하고 있었다. 자세히 보니 벽 쪽으로 많은 양의 책과 DVD가 꽂혀 있고 곳곳에 낡은 영화 포스터들도 걸려 있었다. 중앙에는 영화에 나왔던 '진실의 입' 조각이 놓여 있었다. 한쪽 구석에는 오래된 영화가 소리 없이 회색 벽을 스크린 삼아 상영되고 있었다. 곳곳에 자리한 의자에는 몇몇의 손님이 드문드문 앉아 있었다.

유진이 카운터에 다가가 어색하게 물었다.

"졸타……를 찾아 왔는데요."

아르바이트생으로 보이는 직원이 무슨 말인지 모르겠다는 표정으로 유진을 바라보았다. 가까이에 있던 손님 몇이 흘끔 유진 쪽을 쳐다보았다. 순간 당황한 유진의 얼굴이 빨갛게 달아올랐다. 솔직히 좀 우습기도 했다. 뜬금없이 졸타라니. 그때였다.

"정유진 씨? 기다리고 있었네."

세 사람이 동시에 뒤를 돌아보자 한 할아버지가 자리에서 일어나 그들 쪽으로 다가왔다. 잿빛 머리칼에 길게 풀어헤친 단발머리, 코와 턱밑에는 검고 하얀 수염이 덥수룩한 게 정말 졸타의 모습 같았다. 상의는 개량 한복 같은 형태의 단정한 무색 저고리를 입었다. 얼핏 보면 70대 중반 쯤으로 보이는 할아버지였다. 그런데 얼굴이 어딘가 낯이 익었다.

"혹시 졸타의 메시지를 보내신 분인가요?"

"그렇다네. 졸타의 메시지를 보내는 사람이 몇몇 있는데, 유진 씨 건 내가 보냈어. 허허허."

할아버지는 관자놀이까지 내려온 안경을 치켜 올리며 너털웃음을 지었다. 유진은 적잖이 놀랐다. 반말로 메시지를 보낸 것으로 유추해 아마도 나이가 많은 분일지도 모른다고 예상하기는 했지만 이렇게 호호 할아버지일 줄은 몰랐기 때문이다.

　세 사람은 할아버지의 테이블에 함께 자리했다. 직원이 커피를 준비하는 사이 할아버지는 흐뭇한 표정으로 세 사람을 바라보았다.

　"세 사람 모두 S상사 신입사원이라고? 정말이지 대단한 친구들이군."

　"그런데 할아버지, 할아버지께서 메시지에 S상사는 쓰레기라고 하셨잖아요?"

　유진의 불만어린 말투에 할아버지가 껄껄 웃었다.

　"유진 양, 비난할 자격이 있는 사람도 있다네. 나도 S상사의 오랜 주인인 셈이지. 고객이 바로 주인 아닌가? 그러니 쓰레기라고 말할 수도 있는 거야. 게다가 신입사원에게 그런 식의 고민을 안겨 주는 회사라면 쓰레기 맞지. 나 같으면 뭔가 희망과 용기를 줄 텐데 말이지."

　유진과 친구들은 할아버지의 재치 있는 설명에 마음을 놓았다. 유진의 얼굴에 그제야 웃음기가 퍼졌다.

　"사회 속에서 살아가다 보면 많은 위기를 만나게 되지. 그리고 많은 선택의 순간을 만나게 되고. 그때마다 우리는 고민을 하게 되지. 과연 어떻게 하는 게 좋을까? 어떤 때는 지나가는 고양이라도 잡아 물어 보고 싶어져. 과연 내 판단이 옳은 것인지, 이 어려움을 어떻게 풀어나갈 수 있을지. 그럼 고양이는 대답하겠지. '야옹' 하고 말이야."

세 사람이 크게 웃음을 터뜨렸다. 할아버지는 흐뭇해하며 이야기를 계속했다.

"그런데 웃을 일이 아니야. 많은 사람들이 옆에서 도와주겠다고 하며 해주는 이야기들은 대부분 고양이의 '야옹' 소리나 다를 바 없거든. 다 쓸모없어. 어차피 도움이 안 돼. 결국 선택은 내가 하는 거고, 내 스스로 이 어려움을 헤쳐 나갈 수밖에 없는 거지."

"그럼 할아버지, 졸타에게 고민을 말할 필요도 없는 거 아니에요? 어차피 도움이 안 되는 거라면 말이에요."

서연의 의문에 할아버지는 고개를 저었다.

"졸타의 대답이 도움이 안 된다고는 할 수 없어. 고양이가 주변에 없다면 졸타라도 대답을 해주어야 하거든."

할아버지의 농담에 모두가 웃었다. 할아버지의 여유로운 대답이 계속해서 이어졌다.

"졸타를 왜 만들었을까? 거기엔 말이야, 본인이 스스로 답을 찾는 데 조금이라도 도움을 주자는 마음이 있어. 여러분도 마찬가지지. 사람들은 고민이 있을 때 대부분 그걸 속에 품고 삭이지. 하지만 그냥 그렇게 고민을 품고만 있으면 병이 나게 돼.

여러분도 알아야 해. 마음의 병이 제일 무서운 법이거든. 주변에 보면 이혼하는 사람들이 많은데, 대부분 마음의 병이 그 원인이지. 서로 대화를 하지 못해서, 서로 상대방의 가슴속 응어리를 풀어 주지 못해서 생긴 병 때문이야.

졸타가 만들어진 것은 바로 이런 고민을, 마음에 응어리진 말들을 풀어 놓을 곳이 필요하다는 생각에서였지. 그 대상이 졸타가 아니라 고양이라도 좋아. 여러분이 고민을 이야기하는 순간 그 고민은 여러분 마음속에서 빠져나오게 돼. 그리고 그제야 여러분은 그 고민과 직면하게 되는 거야. 아! 내게 이런 고민이 있었구나. 졸타가 어떤 대답을 하든 별 상관은 없어. 하지만 중요한 것은 그런 고민을 보는 순간 본인이 스스로 답을 찾을 가능성이 높아진다는 거지. 졸타는 그렇게 여러분이 용기를 내는 데 도움을 주는 역할을 하는 거야. 바로 여러분이 가야 할 방향을 조금이라도 객관적인 시선으로 볼 수 있게 해준다고나 할까?"

유진은 궁금했다.

"할아버지, 그럼 할아버지는 왜 제게 해답을 알려 주지 않으신 거죠? 제가 해결해 나갈 수 있도록 힌트라도 주셔야 하지 않았나요?"

할아버지가 유진을 지긋이 바라보았다.

"왜냐하면 유진을 빨리 만나보고 싶었거든. 내가 보낸 메시지에 화가 났지? 그래서 이렇게 당장 찾아온 것 아닌가?"

유진은 할아버지의 대답에 당황스러웠다. 마치 꼭두각시처럼 자신을 조종하고 있는 것 같다는 생각이 문득문득 들었다.

할아버지가 시계를 보더니 한 가지 제안을 했다.

"여러분이 오늘 너무 늦게 찾아와서 이야기를 할 시간이 그리 많지 않은 것 같군. 카페 문도 닫아야 하고. 더 앉아 있다가는 저기 카운터에 있는 아르바이트생들이 우리를 고소할지도 몰라. 노동법 위반으로 말이야."

할아버지는 카운터 쪽을 보며 겁먹은 것 같은 표정을 취해 보였다. 웃음이 터져 나왔다. 할아버지는 여유로운 미소와 함께 하던 말을 계속했다.

"유진이 마케팅에 대한 고민을 이야기했는데 사실 그것에 관해서라면 내가 할 말이 많거든. 왕년에 나도 마케팅으로 밥 좀 벌어먹었지. 이게 말이야, 문자 메시지 몇 번 교환해서 될 일이 아니거든. 그래서 유진을 직접 보고자 했지. 기왕에 다 모였으니 같이 이야기를 나눠 봄세. 다들 언제 시간이 되지? 자, 어디 보자. 난 이번 주 목요일 저녁이 괜찮은 것 같군. 요새는 할아버지들도 스케줄이 꽉 차 있어서 바빠."

할아버지는 안경 너머로 스마트폰을 들여다보며 일정을 확인했다. 유진과 두 친구도 얼른 스케줄을 확인하고는 서로 일정을 맞춰 보았다.

"할아버지, 저희도 목요일 7시면 괜찮아요. 그때 다시 찾아뵙겠습니다."

"그래, 잘됐군. 사실 목요일에 안 된다고 하면 약속 바꾸라고 하려고 했지. 여러분의 인생이 걸려 있는 일인데 말이야. 자, 목요일에 봅시다. 다들 조심히 돌아가고."

이미 10시가 넘은 늦은 시각이었다. 세 사람은 할아버지에게 인사를 한 뒤 카페를 나왔다.

"도대체 저 할아버지의 정체가 뭘까? 보통사람은 아니신 것 같은데."

서연의 질문에 유진도 고개를 끄덕였다.

"할아버지를 보고 있으면 뭔가 특별한 게 느껴져. 스타워즈 제다이의 포스 같은 게 느껴진다고 할까. 마치 나에 대해 많은 것을 알고 계신 것 같은 느낌도 들고. 그리고 마케팅 좀 해보셨다고 하는 걸 보니 아마 비즈니스에 관해 상당한 전문가일지도 모르겠어. 그리고 중요한 건, 무척 낯이 익어."

"그래? 누굴까? 혹시 왕년에 마케팅을 가르치셨던 교수님이 아닐까? 아니면 현직 교수님이신가?"

건우도 궁금했다. 하지만 이내 화제는 다른 쪽으로 옮아갔다. 세 사람은 이런저런 이야기를 나누며 근처 지하철역으로 향했다. 유진의 얼굴에 오랜만에 미소가 흘렀다. 든든한 친구들이 곁에 있고 또 졸타 할아버지와의 만남에서도 뭔가 희망을 기대할 수 있었다. 유진은 오늘 만큼은 두 다리 쭉 펴고 편하게 잘 수 있을 것 같다고 생각했다.

**STORY...** 마케팅의 마법 1

# 모든 것에 가치를 부여하라

● ●

눈에 띄지 않으면 살아남을 수 없다

할아버지와 약속한 목요일 저녁이 됐다. 카페에 제일 먼저 도착한 유진은 주위를 둘러보며 할아버지를 찾았다. 아직 도착하지 않은 것 같았다. 서연과 건우는 일 때문에 조금 늦게 출발한다고 했다.

   천천히 카페를 둘러보던 유진의 눈을 잡아끄는 것이 있었다. 카페 한가운데 있는 '진실의 입'이었다. 스마트폰으로 검색을 해보니 영어로는 'The mouth of truth'라고 하고 이탈리아어로는 'Bocca della Verita'라고 했다. '진실을 말하지 않으면 손이 잘려도 좋다'라는 설명도 있었다. 유진은 문득 진실의 입 안에 손을 넣어 보고 싶다는 생각이 들었다. 유진은 그 앞으로

가 천천히 손을 내밀어 보았다. 정말로 나는 진실한 사람인가? 정말 손이 잘리지 않을 자신이 있는 것인가? 유진이 커다란 입 속으로 막 손을 집어넣으려는 순간이었다.

Bocca della Verita

"넣지 말게."

뒤에서 들려오는 목소리에 유진이 화들짝 놀라 얼른 손을 뺐다. 할아버지였다.

"자네는 정말로 본인이 진실하다고 생각하나?"

유진이 곰곰이 생각해 보았다. 사실 거짓말도 많이 하긴 했다. 완전히 항상 진실하다고는 할 수 없었다.

"노력은 하는데요, 솔직히 거짓말을 할 때도 있죠."

"그것 봐. 그러니 손을 넣지 말게. 혹시 모르잖나. 이게 진짜 진실의 입일지."

할아버지가 한쪽 눈으로 살짝 윙크를 하며 미소를 지어 보였다.

"서, 설마요."

하지만 할아버지 말대로 진짜 진실의 입이라면 유진은 손을 집어넣지 못할 거라고 생각했다.

'이제부터라도 노력하며 살아야겠어. 정말로 진실하게 살 수 있도록.'

서연과 건우가 도착하자 할아버지는 세 사람을 데리고 2층으로 올라갔다. 할아버지는 약간 불편한 걸음걸이로 난간을 잡고 조심스레 계단을 하나씩 올라갔다. 좁다란 계단을 따라 오르니 눈앞에 작은 서재가 펼쳐졌다. 서재의 한쪽 벽은 온통 책으로 가득했다. 그리고 반대쪽 벽은 전면이 이중 커튼으로 둘러친 유리창이었다. 그 앞에는 책상과 컴퓨터 그리고 소파가 빙 둘러 놓여 있었다. 할아버지가 책장 가운데에 접혀 있던 책상을 끌어내 펼쳤다. 마술처럼 서재가 순식간에 회의실로 변했다.

"여기가 내 작업 공간이지. 여기서 글도 쓰고, 영화도 보고, 피곤하면 잠도 자고, 또 별을 보기도 하네."

별 이야기가 나오자 세 사람이 동시에 고개를 들어 천장을 보았다.

"아!"

탄성이 절로 나왔다.

정말로 천장 가운데에 커다란 창이 있었다. 마치 자동차의 선루프처럼 아래쪽에 커튼으로 덮을 수 있는 장치도 되어 있었다. 하늘이 흐려 별이 있는지는 알 수 없었지만 적어도 낮에는 푸른 하늘과 구름을 볼 수 있을 것 같았다. 할아버지가 가운데의 책장을 옆으로 밀어 내자 구석구석에 이런저런 메모가 되어 있는 상아색 벽이 나왔다. 화이트보드처럼 글을 썼다가 지울 수 있는 그런 재질이었다.

"난 별을 아주 좋아한다네. 별은 젖소와 함께 비즈니스에서는 아주 의미 있는 개념이기도 하지. 여러분은 별 하면 어떤 게 떠오르나?"

신기한 듯 천장을 바라보던 세 사람에게 할아버지가 느닷없는 질문을 던졌다.

"별은 매우 높은 곳에 있잖아요. 멀리 있지만 가질 수 없는 그런 동경의 대상 아닐까요?"

"보석 같은 존재요. 세상에서 유일하고 또 항상 그 자리를 지키고 있으니까요."

할아버지는 고개를 끄덕이며 세 친구의 이야기를 진지하게 들었다.

"별은 우리처럼 사업하는 사람들에게는 희망이야. 흔히들 돈 벌어 주는 사업 아이템을 '캐시카우Cash Cow'라고 하지. 하지만 이런 아이템들은 성장률이 이미 꺾여 있어. 치열한 경쟁만이 남아 있지. 우리는 새로운 사업, 그것도 잠재력이 높은 사업을 찾아내야만 해. 별은 바로 그런 아이템이야. 성장률도 높고 잠재력도 높은. 나는 이제 한물갔지만 여러분은 회사에서 별과 같은 존재라고 할 수 있지. 여러분 같은 별이 회사에서 중요한 역할을 해야 해. 그리고 나중엔 캐시카우 같은 역할을 해주어야 한다네."

"할아버지, 그럼 별의 반대 개념은 뭐죠?"

"성장률도 낮고 시장 점유율도 낮은 것 아니겠나. 우리는 그런 아이템을 '개$^{Dog}$'라고 하지.

"저런, 개가 얼마나 귀여운데요. 사람들은 꼭 안 좋은 것에 개를 붙이더라고요."

유진의 불만에 할아버지가 껄껄 웃었다.

"그래, 맞아. 우리나라 속담에도 개를 그렇게 비유하는 경우가 많지. 서양도 마찬가지더군."

할아버지가 껄껄 웃으며 상아색 벽으로 다가섰다.

"자, 오늘 우리가 모인 목적에 대해 이야기할 시간이 됐어. 바로 마케팅에 대해 이야기해 보도록 하지."

할아버지는 벽 중앙에 커다랗게 '마케팅'이라고 쓰고는 천천히 앞에 있는 의자에 앉았다.

**마케팅이란 무엇인가?**

"먼저 하나 물어 보지. 자네들은 마케팅이 무엇이라고 생각하나?"

유진이 잠시 생각에 몰두하더니 입을 열었다.

"음, 어떤 상품을 팔기 위한 방법이죠. 서비스가 대상일 수도 있고요. 그러니까 상품을 팔기 위한 일련의 행위 또는 전략이라고 할 수 있지 않을까요?"

유진의 대답에 할아버지가 지그시 미소를 지었다.

"전형적인 모범생의 대답이로군. 또 다른 관점은 없나?"

"글쎄요. 요새 TV를 보니 한류 열풍이 대단하던데요, 그런 문화 또한 마케팅이 필요하죠. 그러고 보니 보통 기획사들이 활동하는 분야는 모두 마케팅이라는 개념이 필요할 것 같아요. 개인이든 문화든 좀더 많이 활동하고 알릴 수 있는 행위라고 할까요?"

서연의 대답에 고개를 끄덕이던 할아버지가 옆에 있던 지팡이를 짚으며 일어섰다.

"여러분이 이야기한 것처럼 이 세상의 많은 분야에서 마케팅은 이미 친숙하고 보편적인 개념이지. 하지만 이 마케팅을 처음 접했을 때 다른 식으로 접근했던 사람이 있었네. 왜 다들 마케팅을 상품하고만 연결할까? 결국 우리 인생 자체가 나를 세상에 알리기 위한 마케팅이 아닐까? 그런 고민을 했던 사람이지."

건우가 궁금하다는 듯 물었다.

"그게 누군가요?"

할아버지는 건우의 질문에 지팡이를 빙그르르 돌렸다.

"누구냐고? 그건 바로."

그러고는 지팡이 끝으로 자신을 가리켰다.

유진과 친구들이 일제히 웃음을 터뜨렸다.

"하하! 할아버지. 언제 그런 생각을 하신 건데요?"

유진의 질문에 할아버지는 밖을 바라보며 이야기를 이었다.

"내가 대학 다닐 때였지. 뭐, 자네들은 상상할 수도 없는 그런 시절일 수도 있겠네만. 우리 문과생들이야 솔직히 지금하고 별로 다른 것 같지도 않아. 그때 경영학 수업에서 마케팅에 대해 들었는데, 거기서 나오는 많은 이론들, 전략들에 대한 설명을 들으면서 내가 느낀 게 바로 그거였어. 아! 이건 내 이야기구나. 상품을 파는 게 아니라 바로 내가 인생에서 성공하기 위해 갖춰야 할 모습이구나!"

할아버지는 처진 안경을 다시금 고쳐쓰고는 세 사람을 찬찬히 보며 이야기를 이어갔다.

"그건 말이야, 단순히 물건을 하나라도 더 팔기 위한 요령이 아니었어. 바로 나의 인생을 포함한 모든 대상에 가치를 부여하는 일이었지. 정말 충격적인 깨달음이었어. 그래서 그날 이후로 내겐 가장 가치 있는 자기계발이란 바로 마케팅의 철학을 내 인생에 부여하는 거라는 생각이 들었다네. 그래서 여기저기 그 중요성에 대해 역설 하고 다녔지. 많은 사람들이 영향을 받았고, 인생도 달라졌어. 그중에 가장 큰 변화를 겪은 사람이 바로."

유진은 할아버지의 이야기를 들으면서 문득 떠오르는 사람이 있었다. 바로 허 팀장이었다. 그래서 "허 팀장님이요?"라고 말할 뻔했다.

'아, 여기는 S상사가 아니지.'

할아버지가 잠시 뜸을 들이자 건우가 대뜸 끼어들었다.

"혹시, 할아버지 아니세요? 본인의 이론과 깨달음에 제일 영향을 받는 사람 역시 자기 자신일 것 같은데요."

할아버지는 웃으면서 고개를 저었다.

"아니네. 그렇지만 내 주변에 누가 있었겠나. 내 동생들이지. 그중에도 막내였네."

역시 의외의 답변이었다. 모두들 사연이 궁금했다.

"그 친구는 아예 마케팅을 제대로 공부해 보고 싶다고 했어. 사람에 대해 좀더 잘 알고 싶다고 말이야. 그런 생각이라면 심리학을 공부하는 게 더 나을 것 같다고 충고했지만, 그 친구는 실용적인 공부를 하고 싶다며 끝까지 파고들었지. 그렇게도 열심히 했었는데."

할아버지가 잠시 말을 멈추자 순간 세 사람은 긴장했다.

"혹시 잘못 되기라도 하셨나요?"

유진이 걱정스레 물었다. 할아버지는 안타까운 표정으로 유진을 바라보며 낮은 목소리로 말을 이었다.

"글쎄, 교수가 되었지 뭔가. 마케팅을 가르치는. 그 정도로 빠질 줄은 몰랐어."

세 사람이 동시에 허탈한 표정을 지었다.

"할아버지, 교수님이면 정말 잘된 거 아닌가요?"

할아버지는 고개를 저었다.

"사업을 같이 해보고 싶었거든. 우리 네 형제 중 유일하게 나랑 궁합이 잘 맞는 녀석이었거든. 가족끼리 장사하는 것도 쉽지는 않아. 뭐, 덕분에 그 녀석에게 나중에 많이 배웠지. 그 녀석은 그렇게 또 도와주더군.

어쨌든 마케팅은 내게 더 많은 인생의 기회와 성공을 주었다고 믿고 있네. 내가 여러분을 부른 것도 바로 이 이야기를 들려주고 싶어서야."

유진과 친구들의 표정이 밝아졌다. 할아버지의 이야기를 듣다 보니 점점 더 마케팅에 대해 궁금해졌다. 할아버지의 목소리가 다시 커졌다.

"일단 마케팅의 본질로 들어가 보세. 우리가 경제 활동을 한다는 건 무엇인가? 기본적으로 사람들이 서로 무언가를 판매하고 그것에 대한 대가를 받는 것이지. 무엇을 팔지? 무엇을 거래하고 교환하지? 아까 서연이 예를 든 것처럼 가수나 연기자가 자신의 활동을 통해 이윤을 창출하는 것 또한 이런 활동이지. 뭐, 많아. 생각해 봐. 무엇이든지 가치를 주고받으면 다 경제 활동이야. 이런 활동을 어떻게 구성하고 전달할지 포괄적으로 아우르는 개념이 바로 마케팅이란 것일세. 자, 다들 마케팅이라고 하면 뭐가 먼저 떠오르나?"

유진이 잠시 고민했다.

"일단 광고가 생각나요. TV, 인터넷 등 사람들이 많이 즐기는 매체에 등장하는 광고들이 상품을 알리는 데 가장 도움이 되는 마케팅인 것 같아요. 그리고 길거리에서 하는 각종 이벤트들이요. 시음 행사나 자동차 시승 행사 같은 것들도 마케팅 아닐까요? 음, 또 생각해 보면 카탈로그를 우편물로 보내는 것? 그리고 전시회 출품?"

할아버지는 유진이 이야기한 몇몇의 예를 벽에다 천천히 옮겨 적었다.

"지금 이야기한 것들 모두 마케팅 활동에 속해. 눈으로 쉽게 보이는 마케팅이라고 할까. 하지만 마케팅에는 그보다도 더 많은 것들이 포함되어 있지.

마케팅은 먼저 무엇을 제공할지 기획하는 활동에서부터 시작되는 거야. 시장 조사, 상용화 계획 등 대상이 되는 상품이나 서비스를 만들어 내기 위한 준비 과정들은 궁극적으로는 소비자가 무엇을 원하는지 알기 위한 마케팅의 시작이라고 할 수 있지. 얼마면 사람들이 관심을 보일지, 무엇을 끼워 주면 더 좋아할지, 어떤 유통 경로로 공급할지 등. 처음 상품이 기획되어 소비자에게 전달되기까지의 이런 모든 과정들을 아우르는 것이 바로 마케팅이라네."

"기획부터 유통까지라면 거의 하나의 생태계가 구성되는 셈이네요."

건우의 대답에 할아버지는 잠시 머뭇거리는 눈치였다.

"생태계라, 생태계. 마케팅 자체가 생태계는 아닐 것 같군. 물론 상품의 생태계를 구성하는 데 관여하기는 하겠지. 하지만 상품들이 태어나고 없어지고, 서로 물고 물리는 과정을 만들어 내지는 않아. 오직 대상이 되는 어느 한 상품이 태어나고 또 매력적으로 키워 나누는 데까지 관여하는 하나의 큰 인큐베이팅 시스템이라고 할 수 있지. 낳아 주고 키워 주는 엄마 같은 그런 시스템 말이야."

할아버지는 벽에 나열한 것들을 둘러싸는 하나의 큰 원을 그렸다. 그리고 거기에 '시스템'이라고 덧붙였다. 그런 다음 세 사람의 얼굴을 천천히 살피며 물었다.

"이런 이야기가 여러분의 인생에 어떤 도움을 줄 수 있을까?"

할아버지의 갑작스런 질문에 세 사람은 모두 당황했다. 인생에 어떤 도움이 되냐고? 다들 잠시 생각에 빠졌다. 서연이 먼저 말을 꺼냈다.

"할아버지께서는 마케팅은 상품의 가치를 확보하며 교환 과정을 유발하는 일련의 경제 활동이라고 하셨죠. 그동안의 삶을 돌아보니 제 삶 역시 그런 경제 활동이었어요. 제 자신을 보다 더 가치 있게 만들고자 하는, 제 자신의 가치를 통해 더 많은 것을 얻고자 하는 바로 그런 활동이었죠. 제 인생 자체가 바로 마케팅의 연속이었던 것 같아요."

할아버지는 서연의 말에 상당한 관심을 보였다.

"혹시 법대 출신인가? 논리의 전개가 아주 창의적이로군."

서연이 밝게 미소 지으며 고개를 끄덕였다.

"네, 할아버지. 법대를 졸업했어요. 법을 공부하면서 또 한때 법조인을 꿈꾸면서 제 자신의 가치에 대해 많은 생각을 했었어요. 내가 변호사가 된다면 사람들을 만나고 그 사람들의 법률적인 어려움을 해결해 주기 위해 어떤 마음가짐으로 공부해야 할지 같은 것들이요. 클라이언트를 생각해 보면 결국 제 자신이 그 사람들에게 내가 적임자임을 보여야 하는 거잖아요. 그렇게 하려면 그 사람들이 신뢰할 만한 무언가를 보여 주어야 하구요. 오늘 할아버지와 이야기를 시작하면서 문득 어떻게 하면 제 자신을 더 잘 마케팅 할 수 있을까 하는 생각이 들었어요. 나라는 상품을 내 고객들 아니 언젠가 고객이 될지 모르는 그런 사람들에게 어떻게 하면 내가 원하는 형태로 보여 줄 수 있을까? 바로 이런 고민을 하는 것이야 말로 마케팅 그 자체가 아닐까 싶어요."

건우가 서연의 말에 덧붙였다.

"맞아요, 할아버지. 사실 저희들 몇 주 전 입사 시험을 보면서 수많은 상황마다 우리 자신에 대해 평가를 받았거든요. 생각해 보니 우리의 인생이 결국 마케팅의 과정이었어요. 무언가를 얻기 위해서는 결국 내 자신이 그것을 얻을 수 있는 자격을 얻어야 하고 또 그런 자격이 있음을 상대에게, 특히 심사위원들에게 적절하게 보여 주어야 하는 거죠. 서연의 이야기가 맞아요. 우리 인생이 바로 마케팅이며 우리 일상이 바로 마케팅의 공간인 거네요."

유진은 두 친구들이 하는 이야기를 들으며 이런저런 생각을 했다. 특히 허 팀장이 했던 이야기와 자신을 대했던 그의 태도에 대해 조금은 이해가 되는 듯했다.

'그래, 사회에 나와서 내가 무슨 일인가 하려면 적어도 내 자신이 그에 걸맞은 사람이 되어야 해. 그리고 나와 같은 사람이 나에 대해 정확히 이해하고 또 협력하려면 그들에게 내가 가진 또는 내가 할 수 있는 것들을 증명해 보여야 하지. 사실 내가 가진 스펙, 내가 자기소개서에 쓴 몇 줄의 내용이 허 팀장님처럼 절박하게 자신의 팀을 살려야 하는 사람에게는 아무런 희망을 줄 수 없었을지도 몰라. 어쩌면 나는 그들에게 잉여 인간에 불과했는지도 모르지.'

"유진! 무슨 생각을 그리 골똘히 하지? 이 두 친구들이 흥미 있는 이야기를 해주었어. 유진도 아마 할 이야기가 많겠지. 역시 다들 똑똑한 친구들이라 운만 떼도 바로 내 뜻을 이해하는군. 사실 많은 사람들이 마케팅에 대해 간과하곤 하지. 자신과는 크게 관계없는 일이라고 생각하기 때문이지. 물론 많은 이론과 또 많은 연구 사례가 존재하는 쉽지 않은 학문인 건 분명해. 하지만 중요한 것은 여러분이 지적한 대로 마케팅은 바로 우리 삶에 녹아 있다는 거지. 난 이렇게 항상 이야기하네. 마케팅은 바로 사람의 마음을 얻는 기술이라고 말이야."

**사람의 마음을 얻는 기술**
|

그렇다! 유진의 머릿속에서 무언가 번쩍했다. 그동안 항상 피해의식 속에 살아온 자신의 이면에는 바로 다른 사람에게 자신을 이해시키고 설득시키는 부분이 항상 부족하다는 두려움

이 있었다. 무슨 부당한 일을 당해도 그냥 자기 잘못으로 치부했고, 남들이 잘 나가고 또 성공하면 그저 부러워할 뿐이었다.

'무엇이 부족했던 것일까? 바로 상대의 마음을 얻는 기술이 없었던 것은 아니었을까?'

할아버지는 계속해서 말을 이어갔다.

"자, 같이 생각해 보자구. 사람의 마음을 얻으려면 어떻게 해야 하겠나? 굳이 마케팅이라는 것에 얽매이지 말고 이야기해 보게."

사람의 마음을 얻는 방법이라! 유진의 머릿속에 이런저런 생각들이 교차했다. 서연이 역시 제일 먼저 대답했다.

"할아버지, 사실 전 학부 때부터 심리학에 관심이 아주 많았어요. 법이라는 것, 위법을 판단하는 것은 어떤 사건이 있을 때 관련되어 있는 법률 조항들을 논리적으로 해석해서 그 법리에 따라 과오를 따지게 되잖아요? 사실 전 그런 법률의 해석보다는 피의자나 피해자의 심리를 먼저 살펴보고 싶었어요. 왜 그 사람은 그런 범죄를 저질렀을까? 왜 그 사람은 그런 행동을 했을까? 그러다 보니 자연스럽게 범죄 심리학에 관심이 생겼고 심리학에 대한 다양한 내용들을 공부하게 됐죠. 그런 과정을 통해 상대의 마음을 움직이려면 일단 상대의 심리 파악이 매우 중요하다고 생각하게 됐어요. 내가 그 사람의 입장이 되어 보는 거죠. 나를 그 사람의 삶 속에 대입해 보는 거예요. 그 사람의 입장에서 그 사람의 이야기를 들어 보는 것. 바로 이런 노력이 사람과의 소통이며, 사람의 마음을 움직이는 방법을 찾아내기 위한 하나의 계기가 될 것 같아요."

건우가 서연의 말을 이어받았다.

"저도 그렇게 생각해요. 좋아하는 여성의 마음을 움직이려면 우선 여자들의 심리를 먼저 이해해야 하죠. 분명히 사람은 성별마다 그리고 나이에 따라 생각하는 방식이 다른 것 같습니다. 그 나이의 사람들이 겪어온 세월과 문화 그리고 그 성별의 사람들이 자신들의 커뮤니티에서 체험한 문화가 오늘날의 그들을 만들었을 거예요. 바로 그런 것들을 이해한다면 상대의 마음을 움직일 수 있다고 생각합니다."

할아버지는 고개를 끄덕이며 두 사람의 이야기를 들었다.

"두 사람 다 심리학을 이야기하는군. 좋은 의견이네. 그렇지. 상대의 마음을 얻기 위해서는 먼저 상대를 알아야 하지. 상대의 마음속에 들어가 봐야 해. 그리고 무엇보다도 나에 대해 정확하게 아는 것도 필요하네. 아무리 상대를 잘 알아도 내 자신을 잘 모르면 오히려 상대에게 당할 수 있으니까. 마케팅도 마찬가지야. 사실 마케팅을 이론적으로 연구한 많은 학자들은 복잡한 공식이나 수식을 덧붙여 여러 가지 이론을 만들었지만, 자세히 살펴보면 결국은 상대의 마음을 어떻게 얻을 수 있는지에 대해 상황별로 분석해 놓은 것에 불과해. 그래서 많은 경우 심리학적 이론에 기초한 어떤 현상으로 정리되곤 한다네. 예를 들어 보지. 마케팅을 논할 때 가장 먼저 이야기하는 게 마케팅의 네 가지 요소 또는 4P라는 것이네. 유진은 그게 뭔지 아나?"

유진은 오전에 회사에서 공부했던 내용들을 침착하게 하나하나 떠올렸다.

"네. 마케팅은 교환을 창조하는 과정입니다. 거기에는 네 가지 핵심적인 요소가 있는데요, 일단 상품$^{Product}$이 있어야 합니다. 그리고 그 상품에 가치$^{Price}$가 매겨지구요, 그 다음엔 그걸 팔아야 하니까 적당한 시장$^{Place}$이 있어야 하구요, 마지막으로는 사람들에게 상품을 열심히 홍보$^{Promotion}$해야 합니다. 제가 외운 내용은 여기까지예요, 할아버지."

할아버지는 유진의 대답에 흐뭇한 표정을 지었다.

"잘 알고 있군. 많이들 들어봤을 거야. 바로 그 네 가지가 마케팅의 가장 기본이야. 사실 내가 처음 이야기할 때 슬쩍슬쩍 언급하기도 했지. 하지만 요점은 그것들이 전부가 아니라는 거야. 마케팅은 그렇게 단순한 게 아니거든. 그 속에는 더 많은 다양한 요소들이 있어.

'P'에 대해 계속해서 이야기해 볼까? 소비자들이 다양한 기준에서 차별적으로 인식하도록 하는 포지셔닝Positioning, 소비자와의 접촉이 좀더 친근하게 이뤄지고자 하는 허락Permission, 독특한 포장을 통해 차별화하는 포장Packaging 등이 있지. 물론 어떤 것들은 그 자체가 하나의 포괄적인 마케팅이 될 수 있어. 이런 것들이 현대 마케팅에서는 그 상품의 판매를 촉진할 매우 중요한 단서들이라네. 'Permission 마케팅'을 제안한 세스 고딘은 'Purple Cow' 이론을 이야기하기도 했어. 아주 유명한 이론인데, 혹시 누구 아는 사람?"

세 사람은 고개를 저으며 잘 모르겠다는 표정을 지었다. 잠시 후 유진이 나섰다.

"혹시 특별한 마케팅 아닐까요? 소라고 하면 아까 캐시카우처럼 점유율이 높은 상품과 관련 있을 것도 같구요. 보랏빛 소가 정말 있나요? 그냥 좀더 고급스럽게 포장하는 마케팅이 아닐까 싶네요."

할아버지가 미소를 지으며 대답했다.

"좋은 추측이로군, 비껴가기는 했지만. Purple Cow, 보랏빛 소. 한번 상상해 보자구. 검정색 점이 박힌 하얀 소들 사이에 보랏빛 소가 있으면 어떨 것 같나?"

"눈에 띌 것 같아요."

서연의 대답에 할아버지가 환한 미소를 지었다.

"그래, 바로 그거야! 눈에 띄는 제품을 만들어야 팔린다. 다시 말해 제품이 차별화되어야 한다는 것이지. 남들과 똑같아 보이는 제품으로는 경쟁 사회에서 성공하기 힘들다는 의미이기도 하고. 무언가 특별한 것이 있는 상품이어야 한다는 말이야. 이는 단순히 포장을 고급스럽게 하는 것과는 차이가 있지. 사실 P라는 글자에다 억지로 끼워 맞추려고 한 느낌도 있긴 하지만 이것 또한 고딘의 책을 특별하게 하는 마케팅 아니겠나? 이미지도 뚜렷하게 머릿속에 각인되고 말이지. '주목할 만한Remarkable 마케팅'이라는 말이 아마도 의미적으로는 더 정확할 것 같네. 예를 한번 들어 볼까? 여러분은 어떤 스마트폰을 쓰고 있나?"

서연과 건우는 아이폰을 그리고 유진은 안드로이드폰을 꺼내 보였다.

"두 사람은 애플의 아이폰을 쓰는군. 그럼 내가 하나 물어보지. 서연이는 왜 아이폰을 선택했지?"

"전 아이팟도 써왔고 또 노트북도 맥북을 쓰고 있어요. 제가 애플 제품을 쓰는 이유는 디자인이 정말 멋지기 때문이에요. 노트북을 켰을 때 밝게 빛나는 커다란 사과, 전화기의 검정색 몽블랑 플라스틱 뒷면에서 은빛으로 반짝이는 이 사과 로고는 그것만으로도 충분히 즐거움을 주고 또 자부심을 갖게 해주거든요. 물론 품질도 만족스럽고 무엇보다도 편리한 콘텐츠 관리 프로그램인 아이튠즈가 지원되죠."

할아버지는 연신 고개를 끄덕이더니 설명을 계속했다.

"오케이. 서연이 말한 바로 그 부분이야. 아이폰이 나오기 전 휴대전화는 그저 전화를 걸고 문자를 보내는 용도였지. 그때도 스마트폰은 있었어. 아이폰 이전에도 말일세. 내가 써본 것만 해도 여러 개야. 주식도 할 수 있었고, 나름 잘 만들어진 일정 관리 프로그램도 있었지. 그런데 뭐가 문제였을까? 그 스마트폰들은 너무 컸어. 배터리 충전도 힘들었고. 또 사용하는 데도 제약이 많았지. 주식 거래 말고는 쓸 만한 프로그램도 없었고. 워드 프로세서가 열리기를 하나, 그렇다고 음악을 마음대로 넣고 들을 수 있나. 동영상은 말할 것도 없었지. 제일 큰 문제는 데이터 사용 요금이 엄청 비쌌다는 거야. 이런 상황에서 애플이 만들어 낸 제품은 정말 혁명적이었지. 다른 사람들이 전화기를 업무용 기계로 생각하는 동안 그들은 전화기에 바로 사람을 담았던 거야. 사람들이 가장 좋아하는 것들을 모두 집어넣는 그런 시도 말일세!"

유진은 몹시 흥미로웠다. '사람을 담았다'라는 말이 계속해서 유진의 귓속을 맴돌았다. 할아버지의 열띤 이야기는 계속됐다.

"음악을 편리하게 저장하고 찾고 들을 수 있으며 사용자들이 마음껏 창의력을 발휘해서 프로그램을 직접 개발하도록 함으로써 돈도 벌 수 있도록 했지. 그런 발상이 재미있는 프로그램으로 가득 찬 아이팟이라는 뛰어난 장난감을 탄생시켰지. 그러고는 거기에 전화기를 넣었어.

전화기라는 건 언제 어디서건 타인과 연결되는 그런 만능 네트워크 아니겠나? 만능과 만능이 만난 사건! 이건 정말 혁명이라고 할 수 있어. 나처럼 나이 많은 영감들도 언제 어디서나 음악을 마음대로 다운받아 들을 수 있고, 또 재미있는 프로그램과 책들을 쉽게 사고 설치해서 쓸 수 있는 그런 멋진 기계라니! 사람들이 많이 쓰니 데이터 요금도 저렴해지고 상세한 지도도 볼 수 있고 인터넷도 되고 이메일도 언제든지 확인할 수 있으니 자연스럽게 업무 효율도 향상됐지. 노트북이나 휴대전화 어디에서든 계속 이어서 글을 쓰고 음악을 듣고 영화를 볼 수 있는 클라우드 기술을 보면서 난 정말 감탄했다네! 도대체 이 친구들이 뭘 만든 거야. 내 인생에서 이렇게 혁신적인 제품을 본 적이 없었네. 세상이 바뀌었어. 산업이 바뀌었고 우리의 생활이 바뀌었지. 이거야말로 뛰어난 기획이며 뛰어난 마케팅의 결과 아니겠나!"

할아버지의 열띤 설명에 유진도 생각해 보았다. 본인도 피처

폰이라고 불리는 접이식 휴대전화를 사용하던 시절이 있었다. 물론 지금은 스마트폰을 쓰고 있다. 전에는 전화요금이 몇만 원만 넘어도 도대체 어디에 전화를 그렇게 많이 했는지 따져 보곤 했었지만 지금은 그보다 세 배가 훌쩍 넘는 요금도 자연스럽게 받아들이고 있다. 도대체 그녀에게 무슨 일이 일어난 것일까? 바로 스마트폰이 그녀의 한 달 생활을 적어도 그만한 대가를 지불할 만큼 바꿔 놓은 것이었다. 버스가 언제 오는지, 날씨가 어떨지, 오늘 무슨 뉴스가 있는지, 친구들이 지금 무얼 하고 있으며 어떤 모습들인지, 마치 신이 된 것처럼 언제 어디서나 어떤 정보든 어떤 소식이든 너무나도 쉽게 볼 수 있게 된 것이다. 이런 제품이 나오게 된 이면에는 이런 뛰어난 제품을 기획한 마케팅이 있었다는 사실에 유진은 가슴이 벅찼다.

'그래서 세스 고딘이 이야기했구나. 혁신성과 차별성이야말로 현대 마케팅에서 중요한 요소라고! 뛰어나야 살아날 수 있다면, 그럼 어떻게 하면 뛰어날 수 있을까?'

애플의 기술도 새로운 것은 없었다. 이전에도 스마트폰은 있었고, MP3 플레이어도 있었고, 내비게이션도 있었고, 휴대용 멀티미디어 장치인 PMP도 있었다. 단지 애플은 그것들을 예쁘고 매력적인 장치 안에 모두 넣어 누구나 쉽게 쓸 수 있도록 편리하게 만들겠다는 생각을 해낸 것뿐이다. 다른 사람들이 현재 생활에 만족할 때 좀더 편리하고 특별한 생활을 꿈꾸고 그걸 현실화했기 때문에 혁신을 일으킬 수 있었던 것이다. 유진은 할아버지의 설명에 시간 가는 줄을 몰랐다.

세 사람이 마케팅에 대한 이런저런 이야기를 나누는 동안 시간이 꽤 흘렀다. 할아버지는 시계를 보더니 정리를 해야겠다고 생각했다.

"어이쿠, 이렇게 시간이 늦어진 줄 몰랐네. 전에도 이야기했지만 우리 아르바이트생들은 무섭다네. 법학을 공부한다는 이야기도 들었어. 고소장 정도는 아주 우습지."

할아버지의 너스레에 세 사람의 얼굴에 미소가 퍼졌다.

"자, 이 할아버지는 내일 또 바쁜 비즈니스가 있으니 더 이상 붙들거나 매달리지 말게."

물론 아무도 조르는 사람은 없었다. 그러나 다들 정말 시간이 어떻게 갔는지 모르도록 열중해서인지 다소 상기된 얼굴이었다.

"할아버지, 늦은 시간까지 감사드려요. 그냥 저희가 할아버지를 놓아드리면 되는 거죠?"

서연의 말에 할아버지는 웃으며 고개를 끄덕였다. 전화기의 일정을 열심히 살피던 할아버지가 고개를 들고 말했다.

"고맙네! 똑똑한 친구들이 아주 예의도 바르군. 노인을 괴롭히면 안 되는 거야. 자, 다들 다음 주 화요일 저녁에 다시 보자구. 빠지는 사람이 있으면 내가 미워할 거야. 진심이네."

세 사람은 웃으며 할아버지에게 감사의 인사를 한 뒤 차가운 기운이 코끝으로 스미는 밖으로 나섰다. 목요일 밤이 그렇게 깊어 갔다.

**Yujin's Memo**

### 마케팅을 알자 ❶
# 마케팅의 기본 원리

- **마케팅의 개념** 교환을 창조하는 과정. 마케팅의 대상은 상품, 서비스를 떠나 예술과 스포츠를 포함한 다양한 종류의 문화, 생활 영역까지 확대
- **4P는 마케팅을 하기 위해 통제하는 주요 요소** 제품Product, 가격Price, 유통Place, 촉진Promotion
- **ROI**Return On Investment 투자 대비 이익. 마케팅의 관점에서 비용과 이윤은 매우 중요한 고려점이며 ROI를 극대화하는 것이 마케팅의 주요 목적
- **마케팅 믹스**Marketing Mix 마케팅의 네 가지 요소인 4P를 적절히 배합해서 하나의 마케팅 전략을 만드는 것
- **관여**Involvement 자극에 의해 유발되는 관심의 수준
  저관여 상품 : 큰 고민 없이 고르는 상품들
  고관여 상품 : 보통 고가의 제품으로 큰맘 먹고 사는 것들이 많은 반면, 기대가 큰 만큼 실패했다고 생각할 확률도 높다
- **POP**Point Of Purchase '구매 시점' 또는 '구매 시점의 광고물'
  저관여 상품을 유인하기 좋은 마케팅 도구

STORY... 마케팅의 마법 2
# 호감을 얻는 기술

••
우리가 살아가는 과정, 그 자체가 마케팅이다

 

화요일 오후, 허 팀장과 직원들은 내내 자료를 만들고 복사하느라 부산했다. 사업부서 평가 시한이 임박함에 따라 다들 초조한 기색이 역력했다. 하지만 아무도 유진에게 일을 지시하거나 도움을 요청하지 않았다. 유진이 할 수 있는 일은 아무것도 없었다. 그저 이런저런 책만 뒤적거릴 뿐이었다.
'딩동' 문자 메시지가 왔다. 건우였다.
"맛있는 커피 한 잔 어때? 1층으로 내려와."
어차피 머리도 아팠던 터에 잘되었다고 생각한 유진은 항상 몸에 지니고 다니는 수첩 하나를 들고 사무실을 나섰다. 서연과 건우가 1층 로비에서 기다리고 있었다.

"오늘은 더 피곤한 것 같아. 주말 동안의 피로에다가 월요일의 빡빡한 하루가 더 얹어진 느낌이랄까. 그래서 그런지 뭔가 달콤한 게 당겨. 캐러멜 마키아토에 엑스트라 휘핑크림 얹어서 드리즐 듬뿍 올려야겠어."

"난 헤이즐넛 향에 흠뻑 빠져 보고 싶어. 아메리카노 그란데 사이즈, 에스프레소 투 샷에 헤이즐넛 시럽 두 펌프!"

유진은 건우와 서연이 나누는 이야기가 도통 무슨 소리인지 제대로 이해하지 못했다. 유진은 커피 마니아인 두 사람의 대화를 그저 신기한 듯 듣고 있었다. 더 재미있는 것은 그렇게 말을 해도 주문받는 직원이 다 알아듣는다는 것이었다.

'이건 뭐 커피 나라에 낯선 이방인 하나 놀러온 느낌이네.'

유진은 고개를 설레설레 흔들며 친구들이 주문한 내용을 다시 물어 수첩에 적어 보았다. 다음엔 자신도 그렇게 주문해 보고 싶은 생각에서였다. 커피전문점은 낮 시간인데도 사람들로 혼잡했다. 유진은 카페라테 한 잔을 주문하고는 은은하게 햇살이 비추는 창가 쪽에 자리를 잡았다. 주문을 마치고 자리로 온 두 사람이 유진의 옆으로 의자를 바짝 끌어당겨 앉았다.

"난 이 커피 집에서 저쪽 창가 자리가 제일 좋아. 가끔 혼자 와서 햇살을 받으며 음악도 듣고 책도 읽곤해."

창가엔 바 형태의 기다란 테이블이 마련되어 있었다. 그곳엔

귀에 하얀색 이어폰을 꽂은 채 책을 읽는 사람, 바짝 붙어 앉아서 인터넷에 열중인 커플 등이 자리하고 있었다. 그 자리에 앉아 있으면 지나가는 사람, 하늘거리는 꽃, 흘러가는 구름을 모두 볼 수 있을 것 같았다. 진동을 알리는 벨의 빨간 불빛이 반짝였다. 건우가 벌떡 일어나 서둘러 커피를 받으러 갔다.

"마케팅 전략은 정리가 좀 되어 가니?"

서연이 걱정스러운 듯 유진에게 물었다. 유진의 표정이 다소 어두워졌다.

"그래도 졸타 할아버지가 개념을 잡아 주셔서 그런지 지금 보는 책들이 조금 이해되는 것 같기는 해. 각종 매트릭스 분석법, 전략 수립 방법 그리고 사업 사례들을 보고 있어. 우리 사업부서에 적용할 만한 것도 몇 개 찾았어."

"휴, 다행이다. 네가 좀 심각해 보여서 걱정했어. 어쨌든 무언가 새로운 걸 공부할 때는 여럿이 같이 하는 게 좋은 것 같아. 할아버지처럼 누군가 멘토 역할을 해주면 더욱 좋고."

"그런데 말이야."

유진이 창가를 바라보며 다시 어두운 얼굴로 말을 이었다.

"회사를 다니면 무언가 활기차고 새로운 희망 같은 게 생기고 그럴 줄 알았는데 이건 하루하루가 가시방석 같아. 회사 생활이란 게 원래 이런 건가? 그렇다면 정말 실망이야."

유진의 푸념에 어느새 돌아와 각자에게 커피 잔을 건네던 건우가 말했다.

"유진아, 다 그렇지는 않을 거야. 우리 부서는 그렇게 분위기가 나쁘지만은 않아. 물론 술자리에서 몇몇 선배들이 이런저런 불만을 이야기하기는 하더라. 서로 다른 개성, 서로 다른 생각의 사람들이 모여 있는데 아무래도 문제가 없을 수는 없겠지. 사회에 나와 제일 좋은 것도 사람이지만 제일 힘든 것도 사람이잖아. 상사와의 갈등, 동료와의 갈등 이런 것들 때문에 괴로워하는 경우가 없을 수는 없어. 나도 언젠가 그런 문제로 힘들어 하는 날이 올 테고."

가만히 듣고 있던 서연이 거들었다.

"유진이 너도 알겠지만 내가 M기업에 2년 정도 다녔었잖아. 내가 그곳을 그만둔 이유도 내 바로 위의 과장님 때문이었어. 아무래도 그분은 학력에 대한 콤플렉스가 좀 있는 것 같았어. 사사건건 내가 하는 일에 불만이었고 회의 때면 사람들 있는 데서 내가 일을 제대로 안 한다고 대놓고 나무랐거든.

사실 난 좀 억울했어. 분명히 잘한 것도 많은데 그런 건 안 중에도 없고 늘 사소한 걸로 트집을 잡으니까. 처음엔 참았어. 하지만 매일 만나는 상사가 나를 괴롭히는데 언제까지 그렇게 살아야 하는지 답답하더라고. 그래서 과감히 사표를 던지고 보란 듯이 나왔지. 그 당시에는 엄청나게 통쾌했어. 과장님의 황당한 표정이란! 하지만 지금 생각해 보면 참으로 무모했던 것 같아. 취업하기도 힘든 시절에 그렇게 좋은 직장을 쉽게 그만두었으니까. 요새 마케팅과 심리학에 대해 다시 관심을 갖다 보니 만약 그때로 다시 돌아간다면 뭔가 다른 시도를 해봤을 수도 있지 않을까 싶어."

유진은 서연이 전 직장에서 상사에게 시달렸다는 이야기가 믿기지 않았다. 도대체 서연이 같은 사람에게 흠 잡을 게 뭐가 있었을까? 유진은 궁금했다.

"그래? 어떤 시도? 왠지 지금 나한테 필요한 시도 아닐까?"

창밖을 바라보며 이야기하던 유진을 따라 서연도 창밖으로 시선을 돌렸다. 예전 자신의 모습을 떠올리는 듯. 그러고는 천천히 입을 열었다.

"만약에…… 만약에 내가 그때로 되돌아간다면, 일단 그 과장님에게 좀더 관심을 가질 것 같아. 어제 할아버지께서 그러셨잖아. 마케팅의 핵심은 바로 사람에 대해 이해하는 것이고 그 사람이 원하는 것을 담아 내야 한다고 말이야. 사람의 마음을 얻으려면 그 사람에 대한 올바른 이해가 먼저 필요하겠지. 그분이 살아온 과정 그리고 주변에 있는 사람들, 누구와 친하고 또 누구와 어떤 갈등이 있는지도. 사실 어떤 사람에 대해 이해하려면 그 주변의 사람들을 보면 대충 답이 나오잖아. 또 그 친구들이 본 시각에서의 조언도 들을 수 있고. 그러니까 그 과장님을 사람으로서 이해하려는 노력이 제일 필요할 것 같아. 가정생활은 어떤지도 들어봐야 할 테고. 내가 처음 생각했던 것처럼 단순히 나를 미워하는 게 명문대를 나오지 못한 것에 대한 학력 콤플렉스 때문만은 아니었을 거라는 거지. 내가 여자라서 업무를 같이 하기가 힘들었을 수도 있고, 아니면 어떤 특별한 사연이 있었을 수도 있어.

그런 것들을 찾아냈다면, 그 다음엔 나의 가치를 어필하려는 노력을 적절하게 해볼 것 같아. 바로 마케팅의 개념이 적용되는 순간이지. 무언가 적절한 프로모션 방법도 찾아보고 말이야. 예를 들어 인간적으로 친해지기 위해 내가 주말에 취미로 굽던 빵도 몇 개 드려볼 수 있고, 업무적으로 보자면 그분이 걱정하고 신경 쓰던 프로젝트에 정말로 도움이 될 노력을 할 수도 있고, 아니면 멋진 사업기획안을 새로 하나 만들어 낼 수도 있을 테고."

"그래, 빵 한 조각이 얼마나 상황을 다르게 만들까 싶기도 하지만, 사실 사람의 관계란 게 사소한 관심에서부터 많은 변화를 만들어 내긴 하는 것 같아. 아마도 그런 노력들이 있었다면 분명 상황은 달라질 수도 있었을 거야. 어차피 다 사람이 하는 일이니까. 좀더 인간적인 부분에서 해결 방법을 찾았다면 거기에 실마리가 있었을지도 모르지. 물론 서연이 네가 그렇게 해서 M기업에 남았다면 지금 우리가 이렇게 함께 하고 있지는 못하겠지만."

유진이 서연을 지그시 바라보았다. 유진은 서연이 지금 이 자리에 있어 주는 것만 해도 얼마나 고마운 일인지 모른다고 생각했다.

'그래, 생각해 보면 지금 나의 이런 상황도 서연이 예전에 겪었던 그 시절과 다를 바 없어. 단지 허 팀장과의 갈등일 뿐이고 다른 사람들과는 특별히 문제가 있는 건 아니니까. 물론 다른 사람들이 지금 사업부서 평가 때문에 온 정신이 팔려서 실체를 아직 드러내지 않았을 수도 있겠지만.'

유진은 서연과의 대화 속에서 큰 위안을 얻었다. 다시금 창가로 눈길을 돌렸다. 햇살이 나른한 오후였다. 유진은 바쁘게 지나가는 사람들을 묵묵히 바라보며 잠시 생각에 잠겼다.

**마케팅의 주요 도구들 - SWOT 분석**

"오늘은 SWOT 분석에 대해 먼저 이야기를 해보겠네. 사업계획서는 다들 써봤나? 아직 신입이라 경험이 없을지도 모르지만 처음 사업을 기획할 때 기본적으로 필요한 게 바로 SWOT 분석이지. 누가 한번 간단하게 설명해 볼까?"

화요일 저녁 열띤 만남이 시작되었다. 할아버지는 벽에 S, W, O, T라고 또박또박 띄어 썼다.

"아, 그건 공부했어요. Strength, Weakness, 즉 상품의 강점과 약점을 분석합니다. 그리고 Opportunity, Threat는 그 상품이 처한 기회와 위기를 파악하는 것이죠. 그리고 나선 각각에 대해 강점이나 기회는 살리고 약점과 위기를 극복하는 아이디어를 산출하는 거예요."

유진이 며칠간 마케팅을 공부하면서 얻은 지식을 간략하게 요약했다. 할아버지는 유진이 말하는 동안 계속해서 고개를 끄덕이더니 말을 이었다.

"역시 공부하는 사람의 대답이야. 간단하게 아주 잘 요약했네. 사실 그 네 가지만 알아도 충분해. 상대를 이기기 위해서는 나를 잘 알아야 한다고 했었지. 그러려면 내가 잘하는 게 무엇인지 또 내가 못하는 게 무엇인지를 먼저 알아야 한다는 말이야. 아무리 좋은 전략이 있으면 뭐하겠나. 내가 할 수 없으면 다 소용없지. 또 아무리 좋은 공격을 하면 뭐하겠나. 상대가 나를 무너뜨릴 결정적인 무기를 가지고 있다면 단번에 쓰러지고 말 텐데. 무섭게 들릴 수도 있겠지만 세상은 바로 전쟁터야.

병법의 기본은 항상 나 자신을 알고 이해하는 것부터 시작하네. 그래서 사업계획서에도 SWOT 분석이 항상 선행되어야 하는 거지."

세 사람은 할아버지의 설명에 고개를 끄덕였다. 유진도 열심히 수첩에 메모를 했다. 할아버지는 이야기를 계속했다.

"우리의 시간과 자원은 제한되어 있어. 물론 우리의 경쟁자들도 마찬가지겠지. 다들 축구 좋아하지? 월드컵 때 보면 시청 앞에 잘도 모이더군. 우리나라 사람들은 정말로 축구를 좋아하는 것 같아. 그게 4년에 한 번씩이라서 말이지."

할아버지의 말에 모두 미소를 지었다.

"축구에서 제일 중요한 것은 이기는 것이지. 당연한 말인가? 아무리 경기를 잘 풀어도 역습으로 한 골 빼앗기고 나면 다음 날 신문에 난리가 나지. 졸전이었다고, 감독 바꾸라고 말이야. 반대로 우리가 고전하다 극적으로 이기면 마치 우승이라도 한 것처럼 찬양이 넘치지. 1:0으로 이기든 5:0으로 이기든 그건 중요하지 않아. 그렇기 때문에 반드시 이기는 전략을 세워야 하는 거지. 축구는 다섯 골을 넣기 위한 전략을 세우는 게 아니야. 만약 한 골을 넣을 능력도 안 된다면 한 골도 빼앗기지 않는 전략을 세우는 것, 그것이 바로 축구지."

할아버지의 축구 이야기에 건우가 끼어들었다.

"할아버지, 그런데 그게 실전에서는 쉽지가 않아요. 예를 들어 한 골도 안 주겠다고 수비적 전술로 나가다 보면 계속 수세에 몰리게 되고 그러다 보면 한 골, 두 골 계속해서 주게 되죠. 그러다가 크게 질 수도 있어요. 무엇이든지 되건 안 되건 내 강점을 내세우는 게 그래도 승리할 수 있는 방법이라고 생각해요. 월드컵에서 우리나라가 강팀을 만나 저조한 성적을 내는 것도 상대에게 너무 겁을 먹고 수비적으로 나가다가 그렇게 된 거라구요."

건우는 평소 본인이 생각하던 축구에 대한 의견을 내놓았다. 그런 건우를 바라보며 할아버지가 지그시 미소를 지었다.

"축구 좀 아는군. 당장 국가대표 감독에게 전화라도 해야겠어. 이 친구 빨리 영입하라고 말이야."

할아버지의 농담에 모두가 한바탕 크게 웃었다.

"아마도 감독에겐 건우가 꼭 필요할 거야. 뭐, 도움이 안 되면 라커룸 청소라도 해주면 되지 않겠나."

세 사람의 웃음이 멈추지 않았다. 할아버지는 다시 설명을 계속했다.

"건우가 좋은 지적을 해주었어. 사람들이 흔히 SWOT 분석과 전략 수립에 대해 오해하는 게 바로 그 부분이지. SWOT 분석을 하는 이유는 내 강점과 약점을 나의 내부와 외부에서 다양한 각도로 살펴보고 다각적인 전략을 세우는 거야. 다시 말해 3D, 3차원 입체 전략이지. 건우가 지적한 것처럼 수비만을 내세우는 전략은 그야말로 장점이든 약점이든 한 가지만 보는 1차원적인 전략이야! 내가 기회를 보지 않는다면 외부의 위협이 오히려 더 커질 수 있어. 엄호 사격을 해주어야 조금이라도 앞으로 전진할 수 있다는 걸 명심하게. 한 가지 물어 보겠네. SWOT 분석 후엔 모두 몇 가지 방향에서 전략이 만들어질까?"

"네 가지 아닌가요? 각 요소를 강화하고 보완하는."

"수학적으로 조합해 보면 여덟 가지가 될 것 같은데요. 각각의 요소들이 서로서로 짝을 이뤄야 할 것 같아요."

서연과 유진의 대답에 할아버지도 이리저리 맞춰 보았다.

"두 사람 다 맞아. 네 가지이기도 하고 여덟 가지이기도 하지. 네 가지, 즉 각 요소별 장단점을 파악하고 그에 대한 강화나 보완책을 먼저 만들어 낼 수 있겠지. 사실 어떤 경우에는 그 정도의 분석으로도 충분할 수 있어. 상황 자체가 단순한 경우도 많거든. 그러나 우리는 다양한 상황에도 대비할 수 있어야 해. 그래야 상대에 따라 우리가 쓸 수 있는 옵션이 많아지지 않겠나? 아까도 이야기했지만 상대보다 월등해야만 이기는 건 아니야. 상대의 약점을 잘 파고들면 내가 많이 부족해도 이길 수 있는 게 바로 마케팅의 흥미로운 점이지. 다들 골리앗 알지?"

세 사람이 고개를 끄덕였다. 할아버지는 커다란 골리앗을 만난 듯 눈썹을 찌푸리며 말을 이었다.

"골리앗은 천하무적이야. 영화 〈반지의 제왕〉에 나오는 오크 같지. 여러분이 다윗이라고 해보자고. 어떻게 이길 수 있겠나? 호빗이 오크 족을 어떻게 이기겠어?"

사실 신화나 영화 속에 나올 법한 이야기였다. 과연 현실에서 그런 상황을 만난다면 어떻게 전세를 역전시킬 수 있을까? 세 사람 모두 대답하지 못하고 머뭇거렸다.

"어떻게 이기긴. 못 이기지."

세 사람이 허탈한 웃음을 터뜨렸다.

"안 되는 건 안 되는 거지. 오크를 만나지 않을 방법을 찾거나 오크를 이길 수 있는 친구를 찾아내 밥이라도 사주는 게 더 빠른 방법일 수 있겠지. 이것이 바로 내 자신에 대해 잘 알아야 할 필요성이야. 무모함은 패배할 수 있지만 지혜로움은 항상 이긴다네. 잘 명심해 둬. 자신의 현실을 잘 파악하는 게 제일 먼저라네."

할아버지의 말은 일리가 있었다. 어쩌면 우리는 지나치게 무모함을 강조했는지도 모른다. 그러나 더 현명해져야 한다. 스티브 잡스도 혼자서 모든 것을 다 만들어 낸 것은 아니지 않은가? 그에겐 스티브 워즈니악이라는 일밖에 모르는 천재 친구가 있지 않았는가?

"다시 한 번 말하겠네. 자신을 먼저 잘 알아야 해. 바로 내적 요소인 셈이지. 그러고는 강점으로 외적 기회를 살피고 위기를 저지하고 약점을 보완하는 그런 전략을 수립해야 해. 그 다음엔 내 주변의 상황을 파악해야 해. 어떤 기회와 위협이 있는지. 이게 바로 외적 요소야. 이 내적 요소와 외적 요소를 서로 짝을 지어 보게. 그렇게 보면 SO, ST, WO, WT 이렇게 네 가지 조합이 나올 거야. 이것이 바로 구체적인 실행 전략, 즉 실질적인 전략인 셈이지. 모두 이해가 되나?"

다들 확신이 없는 막연한 표정이었다. 할아버지는 구체적인 예가 하나 더 필요하다고 생각했다.

"우리 축구 박사 건우의 의견을 한번 들어 보지. 런던 올림픽에 출전했던 우리나라 축구팀의 S와 W는 뭔가? 그리고 O와 T는?"

갑작스런 질문이었지만 건우는 잠시 생각한 후 차근차근 하나씩 나열하기 시작했다.

"S인 강점은 강인한 체력과 합숙을 통한 조직력, W인 약점은 떨어지는 개인기, O의 기회는 메달에 대한 기대감과 군대 면

제를 위한 강한 의지, T의 위협은 강팀과의 이어지는 대진. 이런 것들 아닐까요?"

"자네가 국가대표 감독이라면 어떤 전술을 수립하겠나? 예를 들어 ST를 고려한 전략, 즉 우리의 강점에서 외부의 위협을 어떻게 이겨 낼 수 있지?"

"사실 축구로 보자면 상대는 다들 골리앗 같죠. 만만한 팀이 별로 없습니다. 거기서 우리의 강점을 보자면 오직 체력과 조직력이죠. 이걸 가지고 상대의 약점을 집요하게 파고들어야 합니다. 영국과의 승부에서도 그랬죠. 영국은 축구 강국이기도 하고 주최국이었으니 관중들의 응원과 함께 쉽게 분위기를 탈 겁니다. 잘하면 다들 흥분하고 힘이 나겠지만 만약 조금이라도 밀린다면 오히려 침울한 분위기가 선수들의 사기를 급격하게 떨어뜨릴 수 있어요. 이럴 때는 초반부터 체력을 이용한 집중적인 밀착을 통해 상대를 괴롭히고 흥분하게 만들고, 가급적 빠른 시간 안에 선제골을 넣는 적극적인 전략을 구사한다면 오히려 우리가 승기를 잡을 수 있죠."

건우의 조리 있는 답변에 다들 수긍하는 분위기였다. 할아버지도 인정했다.

"거 보게. 내가 전화한다니까. 지금 국가대표 감독이 누구지? 빨리 전화해야겠어. 내 평생에 브라질 이기는 것도 한번 볼 수 있겠군."

건우는 쑥스러운 듯 머리를 긁적였다. 다들 즐거워하는 표정이었다. 할아버지도 웃으며 말을 이었다.

"자, 어떤가? 축구도 마케팅이네. 결국은 다 통하는 거야, 인생이나 축구나. 얻고 싶은 게 무엇인지 다를 뿐이지. 중요한 건 나 자신을 아는 것이네. 지혜로워져야 해. 그래야 상대를 이길 수 있지. 아니 당장 이기지는 못하더라도 적어도 이길 수 있는 확률을 높일 수 있고 그러면 언젠가는 이길 수 있다는 희망을 가질 수 있는 거야."

**마케팅의 주요 도구들 – POP**

할아버지가 갑자기 바닥에서 무언가를 들어 테이블에 올려놓았다.

"혹시 이게 뭔지 아나?"

"이건 서점에 세워 두는 책 광고 푯말 아닌가요?"

서연이 대답했다. 할아버지가 고개를 끄덕였다.

"그래, 맞아. 서점이나 마트에 가면 이런 거 자주 보지? 금주의 인기 신간, 화제의 도서 같은 말이 쓰여 있는 걸 보면 어떤가? 여러분은 이런 글귀를 보면 책을 구입하고 싶어지나?"

"아무래도 눈에 띄니깐 한 번은 살펴보게 되는 것 같아요. 저도 마케팅 책 살 때 이렇게 홍보하고 있던 책들부터 훑어 봤어요. 광고라는 걸 알지만 그래도 수많은 책들 사이에서 비용을 들여 이렇게 광고를 한다는 건 그만큼 서점이나 출판사에서도 자신 있기 때문 아닐까요?"

유진의 대답에 할아버지가 껄껄 웃었다.

"유진이 같은 독자만 있다면 책 팔기가 아주 쉽겠군. 그냥 모든 책을 다 그렇게 광고만 하면 잘 팔리겠어. 이렇게 인기 있는 책, 저렇게 인기 있는 책이라고 써서 말이야."

할아버지의 비유에 모두들 웃음을 터뜨렸다. 할아버지는 웃음기 가득한 표정으로 계속 말을 이었다.

"사실 우리 모두 다 마찬가지야. 누구나 그런 말에 유혹되지. 그래서 중요해. 우리는 이런 광고물을 POP라고 하지. Point of Purchase, 즉 '구매 시점' 또는 '구매 시점의 광고물'로 번역할 수 있어. 이해가 되나? 왜 구매 시점이라고 하는지?"

구매 시점이라. 생각해 보니 꽤 철학적인 표현이었다.

"자, 마트에 갔다고 치자고. 세탁 세제를 사야하는데, 보통 6kg짜리 한 봉지가 얼마 정도 하나? 사실 어느 브랜드의 제품이든 거기 있는 것들은 디자인도 그렇고 다들 고만고만해. 그런데 어떤 제품 옆에 '1+1 행사'라고 쓰인 POP가 있다고 해봐.

어때? 눈에 확 들어오겠지. 누구나 이 제품을 사고 싶은 충동을 한 번쯤은 느낄 거야. 어떤가, 서연?"

"물론이죠. 사실 저희 집에서도 세제에 대해서는 특별히 선호하는 브랜드가 없어요. 저라면 그걸 살 것 같아요."

서연의 대답에 할아버지는 이야기를 계속했다.

"그러면 POP가 왜 중요할까? 신문 광고가 아무리 멋진 말로 우리를 유혹해도 구매와 쉽게 연결시키지는 못해. 유혹적인 광고 카피에 끌려 그 제품을 기억해 마트에 가서 구매하기까지는 꽤 많은 시간이 걸리거든. 하지만 마트의 상품 옆에 있는 POP에 솔깃하면 소비자는 바로 물건을 집어서 카트에 집어넣지. 어떤가? 정말 강력한 영향력이지. 물론 광고비용도 많이 들겠지만 분명 효과는 상당할 거야. 우리의 인생도 마찬가지네. 지금 이 시점에서 정말 강한 영향력을 발휘할 수 있는 그런 도구가 있으면 얼마나 좋겠나. 게임에서처럼 지금 이 순간 꼭 필요한 아이템이 있다면 말이야. 그것이 내 인생의 POP인 셈이고 여러분이 언제나 관심을 가지고 살펴야 할 것이지."

인생의 POP라. 유진은 골똘히 생각에 잠겼다.

'분명 지금 내게 절실하게 필요한 무언가가 있을 거야. 아니면 가까운 미래에 요긴하게 쓰일 무언가일 수도 있고, 내가 만들 수도 있어. 미리 만들어 놓고 머릿속에 떠오르면 언제든 쓰면 돼. 아니면 누군가가 나의 POP일 수도 있어. 그 사람에게서 아이템을 얻어 무언가를 이뤄낼 수 있을지도 모르지. 그러니까 노력해야 하고 또 관심을 가져야 해. 내게 있을 수도 있고 다른 사람에게서 찾을 수도 있으니까. 지금 내 인생의 요긴한 아이템! 그것이 필요해!'

할아버지의 설명이 계속됐다.

"이번엔 소비자 입장에서 한 번 보겠네. 이렇게 비싼 광고비용을 들여 유인하는 상품이 꼭 착한 것은 아닐 거야. 따져 보면 별로 이득이 아닐 수도 있어. 세상을 너무 믿지는 말게. 사람은 누구나 이익을 위해 움직이지. 무언가 자신에게 이익이 되니까 하는 것 아니겠나. 소비자도 그래서 지혜로워져야 해. 모든 비즈니스는 궁극적으로 수익을 내는 게 목적이기 때문에 단순히 이름을 알리려는 게 아니라면 어딘가에 분명 수익을 내는 함정이 숨어 있을 거라는 거지. 다만 그것을 알고 진정으로 내게 도움이 되는지를 판단해야 하네. 이것이 상대의 공격으로부터 야기되는 위기에 대처하는 방법이지.

우리도 기왕에 마케팅을 연구하는 거니까 다음부터는 마트에 가면 한번 관심 있게 보게나. 왜 이 사람들이 이렇게 광고를 할까. 그리고 이 광고에서 과연 이들이 얻고자 하는 것은 무엇일까? 여러분의 그런 비판적 시각과 사고가 바로 여러분의 마케팅을 더욱 건실하고 치밀하게 만들어 주는 거야. 계속 연구해야 하네. 사람은 변하게 마련이지. 그러니 마케팅도 유행을 타겠지. 그건 당연한 거야. 사람이 변덕스럽다고 실망하면 안 돼. 그렇기 때문에 우리처럼 사업하는 사람들도 먹고살 수 있는 거니까. 변화는 두려운 게 아니네. 내게 새로운 기회를 주는 아주 좋은 친구라네."

'그래. 사람에 대한 이해에 기반을 두는 마케팅. 사람의 마음을 얻는 마케팅이라면 당연히 세월에 따라 변할 거야. 사람들이 좋아하고 싫어하는 게 유행을 따라 흘러가듯 마케팅도 계속 변해야 하는 게 당연해. 그렇지 않다면 늘 성공하는 마케팅은 정해져 있겠지. 하지만 분명 변해. 그래, 그러니까 우리처럼 새로 시작하는 사람들에게 늘 뜻하지 않은 기회가 열리는 거겠지.'

유진의 머리가 갑자기 복잡해졌다. 결국 사람으로 귀결되는 이 모든 것이 새로운 희망이기도 하고 위기이기도 하고, 기쁜 마음과 두려운 마음이 서로 교차하는 것이기도 했다. 이 변덕스러운 사람의 마음을 어찌 헤아릴 것인가?

"갑자기 다들 막막한 표정이로군. 뭘 걱정하나. 여러분처럼 젊은 사람들은 더 좋아해야지. 사람들은 대부분 쉽게 자신의 생활에 안주하며 살아가지. 여러분이 마케팅을 안다면 더 정신을 똑바로 차리고 주변을 지켜봐야 해. 세상의 소리를 즐기며 귀담아 들어. 백화점이나 마트에 자주 들려 보게나. 물건을 사라는 게 아니야. 어떤 상품이 제일 앞에 나와 소비자를 유혹하고 있는지를 보라는 거야. 하다못해 올 겨울에 유행할 옷이 어떤 건지, 무엇이 재고로 처리되고 무엇이 사람들을 집중시켜 끌어 모으고 있는지를 보라고.

마케팅을 알면 저절로 센스 있는 사람이 된다네. 바로 모든 아이디어는 사람에게서 나오기 때문이지. 그리고 그걸 제일 먼저 눈치 채는 사람이 바로 마케터들이지. 내가 찾고 만들 시간이 없다면 다른 마케터들이 찾아낸 결과들을 먼저 보자고. 마트에, 백화점에, TV에, 라디오에 그리고 인터넷에 등장하는 그것들을 그냥 웃고 즐기지만 말게. 우리가 귀담아 들어야 할 전문가의 목소리라네. 단지 성우들의 편안한 목소리로 바뀌어 있거나, 코디네이터의 손길로 마네킹에 입혀져 있을 뿐이야. 엄청난 연봉을 받는 사람들이 밤을 새워 만들어 낸 아주 교묘한 연출이란 말일세!"

유진은 매우 흥미로웠다. 마트에 가는 것만으로도, TV를 보는 것만으로도 유행을 알 수 있고 최고의 전문가의 이야기를 들을 수 있다는 사실이 상당히 새롭게 느껴졌다. 서연과 건우도 전에 보지 못했던 새로운 것에 눈이 뜨이는 기분이었다.

"마케팅은 유행이라는 말이 정말 가슴에 와 닿네요. 사람의 마음을 얻는 기술이 마케팅의 본질이라면, 사람의 마음이 그리고 사람의 기호가 변하는 것처럼 당연히 마케팅도 따라서 변해야겠어요."

"맞아요, 계속 변해요! 몇 년 전에 유행했던 상품이 지금은 아무도 찾지 않는 물건으로 변하기도 하죠. 때로는 수년 전에 한물간 상품이 드라마나 영화를 계기로 다시 인기를 끌기도 하구요."

서연과 건우는 유행이라는 키워드에서 다양한 사례를 생각해 보았다. 영화가 유행시킨 지나간 노래와 책들부터 드라마 속에 협찬과 간접광고로 등장하는 신상품들까지.

"똑똑한 친구들이라 내 이야기를 금방 이해하는군. 이제는 알겠지? 왜 예전에 인기 있었고 성공했던 사례만 따라다녀서는 결코 큰 성공을 할 수 없는지! 이건 살아 있는 것을 다루는 거야. 마케팅은 우리 삶의 거울이지. 명심하게나."

할아버지는 도서용 POP를 만지작거리며 말을 계속했다.

"잠깐 어려운 말을 하자면 POP에는 중요한 심리학 키워드가 들어 있어. 그것은 바로 '관여'라는 개념이지. 영어로는 'Involvement'라고 하고. 뭔가 관여되어 있다는 게 도대체 무슨 뜻일까?"

갑자기 나온 심리학 용어에 세 사람은 고개를 갸우뚱했다.

"책에서 본 것 같은데요, 상품이나 브랜드에 대한 우리의 관심이 어느 정도인지 나타내는 것 아닌가요?"

유진의 대답에 할아버지는 곰곰이 생각하는 표정을 지었다.

"우리 관심의 정도라. 영어 단어 그대로 보자면 관련성인데, 실제로 나타내는 의미는 얼마나 까다로운지를 표현하는 거니까 관심도라고도 할 수 있겠군. 좋은 설명이었네. 관여는 제품 쪽에서도 또 소비자 쪽에서도 볼 수가 있지. 관여도가 낮은 물건은 사람들이 브랜드에 크게 상관하지 않는 제품이야. 나이키나 스타벅스 등 잘 알려진 브랜드 제품은 충성도가 높아. 그런 경우 그들 제품은 관여도가 높은 제품이 되지. 나이키 슬리퍼를 사고 싶은 사람이 옆 진열대에 두 켤레씩 묶어 싸게 파는 슬리퍼가 있다고 해서 그걸 사고 싶겠나?"

세 사람은 고개를 저었다. 할아버지는 계속해서 말을 이었다.

"그 사람은 꼭 나이키 슬리퍼가 사고 싶은 거야. 이 경우 슬리퍼의 관여도가 높다기보다는 브랜드의 관여도가 높은 사례지. 사람도 마찬가지야. 흔히 하는 비유로 여자는 쇼핑에 많은 시간을 들이고 까다로운 반면 남자들은 대충 아무거나 산다고 하지."

할아버지의 말에 건우가 끼어들었다.

"저는 그렇지 않아요. 많이 까다로워요. 쇼핑하는 데 시간을 많이 들입니다."

"그건 여자들하고 자주 같이 있다 보니 그렇게 된 거 아닐까?"

유진과 서연이 건우를 보고 웃자 그는 몹시 당황스러웠다.

"쑥스러워하기는, 진담이네."

모두가 큰소리로 웃었다.

"요새 젊은이들에게는 쇼핑하는 것도 하나의 문화라고 하더군. '몰링Malling 족'이라고 들어 봤나? 쇼핑몰에서 시간을 보내며 문화를 즐기는 사람들이지. 쇼핑 자체가 하나의 트렌드가 됐어. 나도 몰에서 몇 시간씩 있곤 하는데, 이 정도면 여러분하고 어울릴 만하지?"

세미나의 분위기가 점차 화기애애해졌다. 할아버지는 계속해서 관여에 대해 설명했다.

"남자들이 쇼핑을 오래 안 한다고 해서 모두 저관여 소비자라고 생각하면 그건 잘못된 판단이야. 많은 남자들이 여러 부분에서 고관여 쇼핑 성향을 보이고 있기 때문이야. 오직 그 브랜드, 갖고 싶은 것만 사는 경우가 많아. 비교하거나 새로운 것을 별로 시험하지 않는 편이지. 그래서 요즘에는 남자를 상대로 한 마케팅이 특별해지고 있어. 브랜드에 대한 집착이 많은 만큼 소셜 커머스 등 공동구매를 통한 집단 구매가 성공적으로 자리를 잡게 됐지. 자, 이제 정리를 해보세. 소비자든 상품이든 그것이 관여도가 높은지 낮은지 파악하는 것은 우리의 마케팅 전략에서 매우 중요하네. 브랜드를 강조해야 하는 상품은 고관여 상품이야. 자, 이런 경우 소비자들을 어떤 당근으로 유인하고 흥분하게 만들 수 있을까?"

자신만의 브랜드를 고집하는 까다로운 소비자에 대한 미끼. 다들 본인도 어느 정도 그런 성향이 있는 상품들을 떠올리며 아이디어를 생각했다.

"일단 가격 할인은 무조건 중요합니다. 그래서 이월 상품들이 인기가 있는 거구요."

"누구보다도 먼저 빨리 제품을 사용하는 데 목숨을 거는 얼리어답터들을 통한 상품의 간접 홍보는 어떨까요?"

"전 저만의 특별한 색상과 디자인이 좋더라구요. 그래서 다양한 제품들로 사람들이 좀더 특별해지는 방법을 제시하면 좋을 것 같아요."

세 사람의 대답을 들은 할아버지가 고개를 끄덕였다.

"다들 좋은 생각이야. 여러분이 이야기한 대로, 다양한 종류의 상품을 다른 누구보다도 빨리 제공할 수 있다는 것, 즉 새로운 경험을 제공하는 게 소비자들에게 크게 부각되지. 자네들, 애플 스토어에 가봤나? 그곳에는 애플의 모든 제품들이 전

시되어 있고 사람들이 자유롭게 써볼 수도 있지. 내가 재미있게 본 건 매장 뒤쪽에 자리하고 있는 지니어스바Genius Bar일세. 뭐하는 곳인가 물어 봤더니, 지니어스라는 직원들에게 애플 제품에 대한 궁금증을 무엇이든지 물어 보는 곳이라고 하더군. 사람들의 다양한 궁금증과 호기심을 풀어 주며 애플의 모든 것을 전수해 주는 천재 같은 사람들, 바로 지니어스에게서 많은 도움을 얻고 나면 또 한 사람의 애플 전도사가 탄생하게 되는 스토리지.

이처럼 고관여 상품이라면 사람들이 그 상품의 매력에 빠지도록 사용자 경험, 즉 UX$^{User\ Experience}$를 특별하게 제공하는 마케팅이 매우 중요한 거야. 반면 관여도가 낮은 제품이라면 앞서 말한 것처럼 POP나 기타 물량 공세로 풀어갈 수 있겠지. 뭐, 결국은 사람의 심리를 잘 이해하고 그에 걸맞은 경험을 제공해 주는 것이잖아. 어떤가? 결국 사람에 대한 이해가 전제되는 거라고 생각하지 않나?"

유진에게는 또 하나의 새로운 시각이었다. 고관여와 저관여. 분명 며칠 전 마케팅 책에서 봤던 개념이고 단순히 개념적으로 이해했던 것인데 할아버지의 설명을 들으니 지금의 마케팅 흐름이 어떤 식으로 가고 있는지 구체적으로 보이는 듯했다.

'그렇다면 이런 방법도 가능하겠네. 사람들의 관여도가 유동적이라면, 아예 사람들을 좀더 고관여 소비자로 만들어 가는 것도 가능하겠어. 그리고 상품 역시 얼마 전 이야기하셨던 보랏빛 소 이야기처럼 브랜드를 차별화해서 관여도를 높인다면 어느새 사람들은 그 브랜드의 매력에 빠지게 되고 마케터가 원하는 대로 이리저리 휘둘릴 수 있겠지. 건우와 서연이 애플과 스타벅스의 찬양자가 된 것처럼 말이야. 그래, 사람을 바꾸자. 사람의 마음을 움직이는 방법을 찾아보자!'

　유진은 건우와 서연을 흐뭇한 시선으로 바라보았다. 두 사람은 영문을 몰랐지만 유진과 눈이 마주치자 함께 웃었다. 유진은 이 두 사람이 피리 부는 사나이를 따라 가고 있는 생쥐 같다는 생각이 들었다. 스타벅스의 사이렌Siren(스타벅스의 상징인 바다의 요정)이 들려주는 피리 소리에 유혹되어 그녀가 제공하는 커피에 빠져 행복해 하는 그런 생쥐 말이다. 그게 바로 마케터의 힘이고 마케팅의 능력이라는 것이었다.

**나의 가치는 얼마일까?**
|
이렇게 할아버지와의 미팅은 또 끝이 났다. 남은 건 이번 주 목요일 저녁뿐. 활기찬 토론을 뒤로하고 유진은 혼자 지하철을 타고 집으로 향했다. 의자에 기대 앉아 이런저런 생각에 잠겼

다. 제품에 대한 분석 그리고 강점과 약점의 정확한 파악, 시장에 대한 이해.

'만약 내가 상품이라면 나의 가치는 얼마일까?'

불현듯 유진은 자신에 대해 분석해 보면 어떨까 하는 생각이 들었다. 노트를 꺼내 펼쳐보면서 좀 전에 들었던 내용들을 되새겼다.

'첫 번째로 '나'라는 상품의 위치는 어딜까? 대학등록금부터 해서 투자금도 꽤 많이 들었지. 어쨌든 지금 상황에만 집중해 보면 그동안 리포터, 홈쇼핑 게스트 경험들을 그 바탕에 두고 있긴 하지만 시장에서 보자면 이제 막 세상에 나온 상품이라고 할까? 아무래도 그동안의 투자보다는 지출이 많았고 또 내 미래에 대해 아무도 확신할 수 없으니까. 하지만 이제 최고의 기업이라고 자부하는 S상사에 입사해서 내 미래에 대해 좀더 보장할 수 있고, 누구보다도 더 열심히 노력할 자세가 되어 있으니 이제 성장기에 접어들었다고 할 수 있지 않을까.

그럼 두 번째로 나의 성장률과 시장 점유율은 어떻지? 사실 니에 대해 시장 점유율을 논하려면 얼마만큼 내 분야에서 입지를 다지고 있는지를 고려해 봐야 하는데, 이제 시작이니 그런 건 이야기할 것도 없겠네. 다만 성장률 자체는 높다고 판단할 수 있지. 그럼 내 위치는 아직 '물음표'일 거야. 과연 나는 적극적인 투자로 시장 점유율을 높여서 '별'로 이끌어 갈 것인가 아니면 낙오되어 '개'와 같은 상황이 될 것인가! 당근 '별'이 되어야지. 충분히 노력하고 투자할 마음의 준비가 되어 있으니까!

세 번째, SWOT 분석. 이건 좀 쉽지 않아. 나의 강점과 단점이라. 강점이라면 실패를 두려워하지 않는 도전 정신과 시간 활용에 대한 자신감 등을 꼽을 수 있고, 약점이라면 마케팅처럼 회사에서 원하는 사업이나 영업에 대한 이론과 지식이 부족한 것, 실무 경험이 전혀 없다는 것 등이 되겠네.

그럼 내 외적 요인을 볼까? 시장이라면 회사와의 경쟁사들을 보면 되겠지. 개인적인 기회라면 사업 2팀에 배치되어 국내외 비즈니스의 첨병으로 활동할 수 있다는 점을 들 수 있어. 뛰어난 실력을 갖고 있을 선배들에게 많은 것을 배울 수 있을 것 같아. 내 인생의 든든한 재산이 될 거야. 좀더 크게 보자면 우리나라의 경제 성장과 더불어 S상사의 글로벌 위상의 강화 등이 내게는 정말 큰물에서 놀아 볼 수 있는 기회가 될 테고! 그렇다면 위험 요소로는 어떤 게 있을까? 경제 위기에 따른 사업부의 정리 위기? 하필이면 우리 부서가 정리 대상이라는 게 너무 안타까워. 무엇보다도 팀장님과의 불편한 관계도 내게는 큰 위기이고.'

유진은 노트를 꺼내 이것저것 그려 보고 SWOT에 대한 분석도 키워드와 함께 적어 보았다.

'참 신기하네. 이렇게 그려 놓고 보니 내가 내 장점을 어떻게 살릴 수 있을지 그리고 이 위기를 어떻게 극복할 수 있을지 아주 잘 보이는 걸. 기회도 기회지만 회사 내의 위험 요소를 극복하는 ST나 WT를 보면, 적극적인 자세로 직장 내 우호적인 사람들의 도움을 얻어 약점인 마케팅이나 실무 경험 부족을 극복해 사업 2팀의 생존을 위해 어떻게든 기여하는 전략을 쓰면 되겠군. 마케팅 전략 수립은 지금처럼 노력하면 되고 또한 실무 역시 주변 동료들과의 다양한 업무에 참여하다 보면 어떻게든 시간이 해결해 줄 테니까!

마케팅이란 게 이렇게 재미있는 분야인 줄 몰랐어. 내 일상생활도 이렇게 대입해 보니 뭔가 가야 할 방향이 보이고 말이야. 할아버지 말씀대로 마케팅은 단순히 재화의 교환을 위한 수단이 아니야. 상대에게 어떻게 하면 나를 잘 어필할 수 있는지 그 방법을 제시함으로써 내 인생의 중요한 경쟁력이 될 수 있는 거야.'

업무 때문에 우연히 시작한 마케팅 공부지만 유진은 사회 속에서 발생하는 인간관계 자체가 결국은 마케팅이라는 할아버지와 친구들의 이야기에 어느새 공감하게 됐다. 다른 사람들에게 나를 어떻게 보여야 할지, 특히 팀장과의 관계를 어떻게 풀어나가야 할지 등을 마케팅이란 기본 개념에서 접근할 수 있을 것 같았다. 이는 매우 신선한 깨달음이었다.

  집으로 향하는 유진의 발걸음이 달라진 자신의 시각에 대한 뿌듯함으로 날아갈 듯 가벼웠다.

**Yujin's Memo**

## 마케팅을 알자 ❷
# 마케팅 전략

- **BCG** Boston Consulting Group **매트릭스** 기업의 전략 사업 단위를 시장 성장률과 상대적인 시장 점유율로 분석해서 제품에 대한 위치를 평가하고 새로운 마케팅 전략을 제시하기 위한 분석 방법. 각 사분면의 위치에 따라 Cash Cow, Star, Dog, Question으로 제품을 구분

- **SWOT** Strength, Weakness, Opportunity, Threat **전략**
  1단계 : 시장 환경 변화에 따른 기회O 및 위협T 요인과 경쟁사 대비 상대적 핵심 역량의 강점S과 약점W 분석
  2단계 : 각 요인들로 네 가지의 조합을 만들어 기회를 살리고 위협을 회피하는 전략 수립

- 내 인생에서 나라는 상품은 현재 어떤 위치에 있을까? 내 인생에 대한 마케팅 전략을 세운다면 SWOT 분석 도표는 어떻게 그려질까?

STORY... 마케팅의 마법 3
# 평범함을 특별함으로 만드는 비밀

••
3초 안에 상대의 관심을 끌어라

목요일 저녁. 어느새 할아버지와의 마지막 토론 날이 되었다. 이 토론이 끝나면 지금까지 습득한 지식들을 잘 정리해서 주말 내내 발표 자료를 만들어야 하는 게 앞으로의 유진의 과제다. S상사에서 살아남으려면 어떤 사업 전략을 만들어 내야 할까? 카페를 찾은 유진의 마음속엔 아직도 불안이 자리하고 있었다.

"우리가 이렇게 만난 게 벌써 2주가 됐나? 나는 가끔 누가 내 시간을 도둑질해 가고 있는 게 아닌가 하고 생각해."

"저희도 그렇게 생각해요. 그래도 할아버지와의 만남이 있었기에 아쉽지만은 않아요."

마법처럼 흘러가는 시간. 유진은 할아버지와 함께 했던 시간들이 이내 그리워질 것 같았다. 하지만 만약 자신이 회사에서 쫓겨나기라도 한다면, 아무리 보고 싶어도 이렇게 열정을 다해 도와준 할아버지 뵙기가 부끄러워 다시는 찾아오지 못할 것 같다는 생각이 들었다.

"유진이는 저녁에 벌레라도 씹었나 보군. 얼굴이 잿빛이야. 마치 모모에 나오는 시간 도둑들에게 자신의 시간을 다 빼앗겨버린 것 같은 표정인데?"

유진이 아니라며 손사래를 쳤다. 할아버지의 이야기는 계속됐다.

"아직 시간은 많아. 내가 무언가를 바란다면, 정말로 잘하기를 바란다면 나도 모르게 어떤 영감을 얻어 단 하루만에도 훌륭한 결과를 만들어 낼 수 있어. 누구도 그 결과를 예측하거나 장담할 수 없네. 자네들은 인생이 왜 재미있는지 아나? 바로 내일 어떤 일이 생길지 아무도 모르기 때문이야. 실력 있는 사람이 늘 잘되는 건 아니야. 지금은 패배자인 사람이 오히려 최후의 승자가 될 수도 있어. 젊어서 작은 성공에 만족하는 사람보다는 작은 실패를 지혜롭게 이겨 내는 사람이 되어야 하는 거야. 그런 사람은 정신적으로 강인해지고 더 멋진 기회를 찾을 수 있지. 누구에게나 새로운 기회는 주어진다고 했어. 그러니 여러분 스스로의 그릇을 키워 놓아야 태평양의 물을 담을 수 있을 게 아니겠나? 설마 접시에 담긴 물로 만족하는 건 아니겠지?"

할아버지의 이야기에 유진은 다시금 용기를 냈다. S상사에 들어온 것도 어떻게 보면 어려움을 극복하고자 했던 자신에게 주어진 새로운 기회가 아니었던가!

"내 나이가 얼마 정도로 보이나?"

할아버지가 갑자기 세 사람에게 자신의 나이를 물었다.

"70대 정도 아니세요?"

"혹시 80대이신가요? 설마!"

서연과 건우의 추측에 할아버지가 웃으며 대답했다.

"내 나이 올해 예순다섯밖에 안 됐어. 생각보다 젊지? 얼마 전에 큰 병을 앓았는데 그사이 폭삭 늙어버렸더군. 병원에 있으면서 다짐하고 다짐했지. 하느님이 세상에 다시 돌아갈 수 있는 기회만 주신다면 꼭 봉사하며 살겠다고. 그리고 사람들의 소리에 관심을 갖고 많은 사람들에게 희망을 주고 살겠다고. 나는 죽음을 보았거든. 죽음의 신이 내게 그러더군. 그 친구 담배를 피우고 있었어. 살아보니 다 소용없지? 이렇게 물어 보는데 정말 허탈하더군."

할아버지의 시선이 무언가를 바라보는 듯했다.

"나는 살고 싶었어. 해야 할 일이 마구마구 생각났거든. 필사적으로 노력했고 치료를 받았어. 죽으면 다 소용없어지는 재물 따위에 더 이상 미련 따윈 갖고 싶지 않았어. 다만 아직 희망을 가져야 하는 많은 사람들과 무언가 나눠야 한다고 생각했지. 비록 가진 건 많지 않지만 조금이라도 남에게 도움이 되는 삶을 살겠다고 다짐하고 또 다짐했네. 자네들의 오늘 하루는 나처럼 병원에서 죽음을 바라보며 살던 사람들이 그토록 그리던 바로 그 하루라는 것을 명심하게. 그리고 그 사람들을 생각해서라도 자신에게 주어진 오늘 하루에 최선을 다해 살기를 바라고."

할아버지가 잠시 말을 멈췄다. 그의 눈에 슬쩍 눈물이 비쳤다. 유진과 서연의 볼에도 어느새 한 줄기 눈물이 흘렀다.

'그래. 이 정도 힘든 일에 마치 인생이 다 끝난 것처럼 포기하려는 마음을 가졌다는 게 정말 부끄러워. 적어도 난 이제부터라도 무언가를 시작할 수 있는 육체와 정신이 있잖아. 하루라도 더 살기 위해 진통제를 맞아가며 죽음과 싸우는 사람들을 위해서라도 오늘 하루 더 노력하고 더 보람 있게 살아 보자. 실패하면 또 도전하면 되지. 그게 바로 할아버지가 말한 내게 주어진 소중한 하루에 대한 예의야!'

유진이 마음속으로 다짐을 하는 동안에도 할아버지는 말없이 가만히 앉아 있었다. 마치 예전 어떤 기억 속에 잠시 머물러 있는 것 같았다. 아마도 병실에서의 힘들었던 나날일 거라고 유진은 짐작했다. 많이 아프고 힘들었던 날들의 기억이 잠시 떠올랐을 것이다. 그렇게도 당차 보이던 할아버지가 갑자기 백발의 쇠약한 노인으로 보이는 순간이었다. 세 사람은 그저 할아버지의 그늘진 뒷모습을 바라보며 숨죽이고 있었다. 먼저 침묵을 깬 건 유진이었다.

"할아버지, 오늘 저희 마지막 세미나잖아요. 할아버지께서 이렇게 열정을 쏟아 주셨으니 정말 의미 있는 시간이 될 거예요. 많이 노력할게요!"

"저희두요, 할아버지."

마치 손자들이라도 된 것 마냥 세 사람이 친근하게 할아버지를 불렀다. 할아버지는 그제야 마음의 짐을 툭툭 털어 내듯 천천히 일어섰다.

"과거에 대한 연민은 정말 사람을 힘들게 하지. 어차피 내겐 다시 오지 않을 시간이며 내가 다 이겨 낸 시간인데도 말이야. 항상 오늘만 생각해야지 하고 다짐하는데 이게 나이가 들수록 쉽지가 않아."

할아버지는 책장을 옆으로 민 뒤 벽에 마커 펜으로 마케팅이라고 큼지막하게 썼다.

"자, 오늘 마지막 토론도 잘 마무리 해야지. 여러분의 인생 전략을 잘 세울 수 있도록 내가 주는 모든 것들을 다 가져가 게나."

"네!"

세 사람의 밝은 대답을 뒤로하고 할아버지는 다시 활기를 찾았다.

"오늘은 마케팅의 다양한 사례들을 이야기해 보세. 지금까지 마케팅의 기본 개념과 기초 전략에 대해 이야기했으니 이제 본격적인 실제 상황으로 넘어가도 될 거야. 지난 세미나 이후 어떤 마케팅들을 보았나? 기억에 남는 것들을 이야기해 보도록 해."

"제가 먼저 할게요."

건우가 손을 들었다.

"저도 할아버지와의 미팅을 계기로 좀더 자세히 공부를 하고 싶어서 서점에 갔었어요. 물론 여기저기에 놓여 있는 POP에 현혹되지는 않았구요."

건우의 POP 이야기에 모두 미소를 머금었다.

"몇 권의 책을 샀는데 그중 여러 가지 마케팅 사례들에 대해 언급한 책이 있었어요. 특히 기억나는 것은 SK그룹은 빨간색, 쌍용주유소는 노란색, 이런 식의 색상 이미지 마케팅에 대한 부분이었어요. 컬러 마케팅이라고도 하죠. 최고의 VIP들만을 대상으로 하는 고급 스파나 피부관리실 등의 귀족 마케팅, CEO들이 광고에 나와서 친근한 이야기로 기업 이미지를 부각시키는 인간극장식의 CEO 마케팅 등이 소개되어 있었어요."

건우의 이야기를 듣는 내내 할아버지의 얼굴에 미소가 가시지 않았다.

"역시 S상사 신입사원들은 유별나군. 내 설명이 의심스러워 서점에 갔단 말이지. 그래, 내 말이 맞던가, 틀리던가?"

건우가 화들짝 놀라며 대답했다.

"아니에요, 할아버지. 너무 재미있게 듣다 보니 마케팅에 관심이 많아져서 그런 거예요. 궁금한 게 많아진 것뿐이라구요."

당황하는 건우를 보며 할아버지가 큰 소리로 웃었다.

"농담일세. 순진하기는. 공부하겠다고 서점에 간 사람을 누가 뭐라고 하겠나. 잘했어. 나중에 끝나고 따로 보세."

유진과 서연은 다시 웃음을 터뜨렸다. 할아버지도 웃으며 이야기를 계속했다.

"지금 건우가 이야기한 것들은 아마 여러분도 많이 들어 봤을 거야. 전에도 이야기했듯이 마케팅이라는 건 의외로 우리 삶과 밀접하지. 여러분 옆에서 늘 유혹하며 손짓하고 있다고 할까. 다만 마케팅이라는 생각을 안 했기 때문에 잘 몰랐던 것뿐이라네. 심지어 여러분이 매일 보는 TV 드라마, 신문 기사, 심지어 유튜브에 올라오는 동영상들도 여러분의 마음을 흔들어 놓는 마케팅이 녹아 들어가 있지. 이게 사실 알고 보면 정말 무서운 거야. 누군가 계속해서 여러분을 조종하고, 세뇌한다고 생각해 봐."

우리가 마케팅에 조종당하고 있다는 할아버지의 말에 모두들 놀라는 눈치였다. 그냥 순수하게 웃고 즐기던 것들이 어느새 내 생각을 바꾸고 내 행동에 영향을 주고 있었다니!

"건우가 이야기한 것들을 한번 볼까? 색상 마케팅이라고 했지? 이것은 많은 부분이 스포츠하고도 연관되어 있어. 여러분은 어느새 빨간색 운동복만 봐도 SK그룹을 연상하잖아? 파란색을 보면 삼성전자를 떠올리고. CEO 마케팅은 어때? 잘 모르는 기업이지만 옆집 아저씨 같은 구수한 사람이 따스하고 인간적인 모습을 보여 주기도 하지. 분명 이익을 최고로 추구하는 회색의 차가운 기업이었는데 말이야. 이런 시도들은 기업과 브랜드에 대해 일종의 집단 최면을 거는 거야. 귀족 마케팅이라는 건 어때? 특정 계층만을 위한 것이라고 할 수 있지. 이런 것들은 일부러 계급과 계층을 만들어서 그들 간의 갈등을 부추기지. 너는 특별하니 우리 서비스를 받을 자격이 있고, 우리는 너만을 위한 서비스를 제공해 준다고 하면서 말이야. 아직 우리 계층이 아니야? 그럼 빨리 들어와. 너도 특별해질 수 있어. 이렇게 계속 이간질을 하면서 살살 꾀는 거지. 여성 마케팅, 남성 마케팅, 학생 마케팅 등 인구통계학적인 구분 역시 이런 유의 마케팅이라고 볼 수 있어. 이런 것들을 어려운 말로 계층 구분Segmentation에 따른 타깃Target 마케팅이라고 하지."

할아버지는 벽에다 큼지막하게 'Segmentation'과 'Target'이라고 썼다.

**시장 세그먼테이션과 타깃팅**

"할아버지, 그렇게 계층을 나누어버리면 결국 대상이 되는 시장이 작아지는 것 아닌가요?"

건우의 질문에 할아버지가 고개를 끄덕였다.

"물론 그렇다네. 내가 제품을 만들어서 모든 사람에게 팔 수 있으면 그게 제일 좋은 거지. 볼펜을 만들었다면 어른도 쓰고 아이도 쓰면 좋지 않겠나? 하지만 이렇게 개별적인 마케팅으로 변한 이유가 있지. 다들 어떤 볼펜을 쓰나?"

"끈적거리는 잉크의 볼펜보다는 부드럽게 나오는 가는 촉의 펜을 주로 쓰죠."

"샤프펜슬과 몇 가지 색의 볼펜이 같이 들어 있는 펜이요."

"전 수첩을 항상 가지고 다니는데 이 수첩 스프링에 끼울 수 있는 작고 얇은 펜에 관심이 많아요."

세 사람의 이야기를 듣고 난 할아버지가 다시 말을 이었다.

"내가 학교 다니던 시절에는 펜 종류가 몇 가지 없었어. 그 검은 뚜껑에 하얀색 몸통을 한 '모나미 153' 볼펜이면 충분했지. 153이 무슨 뜻인지도 모르고 모두가 다 그걸 쓰던 시절이었지. 물론 지금도 무슨 뜻인지 모르지만.

하지만 지금은 어떤가? 여러분만 해도 각기 독특한 펜을 이야기하고 있잖은가? 문구점에 가보면 여학생용 펜, 수험생용 펜, 사무실용 펜, 그림 그리기용 펜 등 엄청나게 많은 종류의 펜을 볼 수 있지. 그만큼 우리의 기호가 다양해졌고, 또 사람들이 보다 다양하고 특별한 것을 원한다는 것이기도 해. 오늘날과 같은 경쟁 속에서는 만만하게 누구나 다 좋아할 만한 물건을 쉽게 만들어서 팔 수 있는 시대가 아니라는 의미야. 치밀하게 기획하고 꼭 이 물건이 필요한 사람들을 찾아내서 광고를 해야 팔 수 있는 그런 절박한 시대라네."

지난번 서점에 갔을 때 팬시 코너의 한쪽 벽을 가득 메운 펜들을 본 적이 있는 유진은 마켓의 세분화가 뜻하는 의미를 이해할 수 있었다.

'그래도 제품이 잘 팔리려면 가급적 많은 계층의 사람들에게 관심을 끌 수 있어야 하지 않을까? 과연 어떻게 전략을 짜야

하는 걸까?'

유진의 궁금증은 늘어만 갔다. 할아버지는 세그먼테이션으로 생기는 변화에 대해 계속해서 설명했다.

"시장이 이렇게 세분화되어 있다면 회사 입장에서는 목표 고객들을 잘 확정해야 한다네. 물론 무조건 처음부터 세분화된 마케팅 전략을 구사하지는 않겠지. 사전 시장 및 사용자 조사를 통해서 무차별 마케팅을 할지, 어느 정도로 세분화된 마케팅을 할지를 결정하게 되지. 대량 세그먼트에 대한 마케팅을 하기 힘든 적은 자본의 기업들은 대체로 이런 세분화된 마케팅 전략을 세울 수밖에 없어."

유진의 머리가 복잡해졌다. 시장을 세분화하고 어느 한 계층에 집중화하는 마케팅이라면, 결국 시장에 대한 완벽한 이해와 상품의 주 소비층에 대한 확실한 분석이 필수적이라는 생각이 들었기 때문이다.

"할아버지, 정말 모든 사람이 일제히 필요로 하는 그런 획기적인 방법은 없을까요? 이렇게 케이스 별로 나누면 효율도 떨어지지만 일반화하기가 너무 어려운 것 같아요.'

유진의 질문에 할아버지가 고개를 설레설레 저었다.

"바로 그 부분이 핵심이야. 지금까지 우리는 다양한 마케팅의 요소와 전략들을 이야기했잖아. 결국 무엇이 남았나? 우리 상품이 갖고 있는 장단점을 충분히 파악하는 것, 우리 앞의 기회와 위기 상황을 인지하는 것, 우리 상품을 소비할 수 있는 계층을 잘 세분화해서 가장 효과적으로 어필할 수 있는 계층을 찾아내는 것, 바로 이 세 가지가 마케팅 전략을 수립하는 중요한 단계 아니겠나.

예전처럼 대량으로 소비되는 상품은 많지 않아. 볼펜 하나를 만들어도 수만 종류 이상의 볼펜이 수많은 계층의 사람들에게 수백, 수천 개의 용도로 각기 팔려 나가고 있어. 게다가 그보다 더 큰 문제는 마케팅이 유행이라는 점이야. 사람들의 기호가 계속 변하고 있기 때문이지. 그래서 우리는 항상 주변을 살피고 사람들이 관심을 갖는 재료를 찾아 봐야 하는 거지. 아니면 사람들의 유행을 이끌 수 있는 재료를 직접 만들든가 해야지. '별'이 되지 않으면 '개'가 될 수밖에 없다네."

유진은 막막했다. 거의 막바지까지 오긴 했는데 결국 시장과 사업 아이템에 대한 정밀한 분석과 경험이라는 엄청난 벽에 부딪쳐버린 느낌이었다. 신입사원에게는 쉽지 않은 과제였다. 할아버지의 말이 계속 이어졌다.

"대신 한 가지 명심할 게 있네. 우리들은 정보의 홍수 속에 살고 있지. 매일 수많은 광고와 정보에 파묻혀 살잖아. 분명히 10년 전과는 다른 상황이야. 그렇다면 여러분의 광고는 어때야 할까?

"어제 한 이야기처럼 독특해야 할 것 같아요. 좀 튀어야 사람들이 관심을 보이지 않을까요?"

"좀 인상적이었으면 해요. 잘 기억될 수 있도록."

건우와 서연의 의견에 할아버지가 고개를 끄덕였다.

"그래. 칩 히스와 댄 히스는 『스틱』이라는 책에서 1초 안에 착 달라붙는 메시지를 만들어야 한다고 주장했지. 사람들에게 1초 만에 각인될 수 있는 그런 메시지! 1초는 매우 긴 시간이네. 결코 짧지 않아. 그 정도면 여러 번 검이 오가고 승부가 뒤집힐 수 있는 시간이지. 사실 1초는 상징적인 표현이고 마케팅에서는 일반적으로 3초의 시간을 이야기해. 이를 'eye catch'라고 하지. 시선을 끄는 3초. 바로 그 짧은 시간 동안 여러분과 여러분의 고객이 스쳐 지나가게 돼. 인상적인 메시지를 만들어 보게. 상대의 눈길을 3초라도 잡아 둘 수 있는 간결하면서도 강렬하고 매력적인 메시지 말이야! 정말 섹시하게 만든 메시지!"

사람들에게 착 달라붙는 매력적이고 섹시한 메시지. 어떻게 그런 메시지를 만들어 낼 수 있는지가 결국 마케팅의 핵심이었다. 네 번에 걸친 할아버지와 동료들과의 대화. 마케팅의 여러 요소들, 우리 상품이 갖고 있는 장단점 그리고 기회와 위기, 소비자와 상품의 관여 정도. 결국 이런 것들을 아우르며 사람들의 시선을 끌어 낼 수 있는 그런 마케팅을 해내야 하는 것이다. 먼저 눈에 띄는 뛰어난 상품을 만들어 내야 한다. 그 다음 단순하지만 보다 강렬한 언어와 매력적인 표현으로 그 상품을 보여주어야 한다. 그렇게 해서 상대의 시선을 끌고 마음을 움직여야 한다. 그게 바로 유진이 할아버지에게서 배운 것들이었다.

'상품뿐만이 아니야. 나도 마찬가지로 변해야 해. 특별해져야 한다고. 그리고 짧고 매력적인 표현으로 상대방에게 나를 어필해야 해. 3초 안에 모든 사람들에게 나를 각인시킬 수 있는 그런 자기소개로 말이야. 그러고는 내 능력을 제대로 보여주어야 해. 이것이 할아버지에게서 배운 S상사에서 살아남는 방법이야!'

할아버지와의 마지막 밤은 짧은 시간만큼이나 모두에게 아쉬웠다. 졸타를 통해 이어진 이들의 만남이 기울어 가는 달빛과 함께 서서히 저물어 가고 있었다.

**Yujin's Memo**

## 마케팅을 알자 ❸
## 타깃 마케팅 전략

- **STP** market Segmentation-Targeting-Positioning 세분 시장 마케팅 대량 Mass 마케팅에서 소비자에 대한 개별 One-to-One 마케팅으로 가는 개념
- **시장 세그먼테이션** 소비자 또는 시장을 다양한 기준에 따라 나누는 것
  조사 단계-분석 단계-세부 요약/설명 단계
- 타깃팅 제품이 어필할 수 있는 그룹 선택. 수익성, 경쟁 강도, 시장의 반응성
- 포지셔닝 대상 그룹이 결정되면 제품 및 서비스를 이들 그룹에 맞도록 알리고 인식시키는 것
  이미지 포지셔닝 기법 : 제품/서비스의 이미지 인식.
  포지셔닝 맵 기법 : 제품의 특징을 여러 축의 벡터로 표시한 도표에서 제품의 목표 위치 특정
  리포지셔닝 : 목표 시장, 제품 및 브랜드 등에 대해 새롭게 포지셔닝 하는 것
- **KBF** Key Buying Factor 주요 구매 요소. 타깃 고객의 특징적인 구매 행동, 구매 행동 요소

# STORY...
# 마케팅 전략 발표

• •
우리의 것만을 고집할수록 그만큼 뒤처진다

"휴, 2주가 정말 빠르게 지나갔네. 그래도 졸타 할아버지의 도움으로 개념을 잡았더니 훨씬 수월해진 듯해. 정말 내 인생의 은인이셔!"

유진이 웃으며 이야기했다.

"유진아, 정말 고생 많았어."

"고마워, 서연아. 사실 그동안 할아버지와의 토론을 통해 이해했던 마케팅 이야기들을 염두에 두고 여러 책을 살펴봤어. 나름대로 이론도 체계화하고 우리 회사에서 나온 보고서의 실제 사례들에도 적용해 봤어. 각 부서들의 연중 사업기획안도 검토했고, 어떻게 상품에 대해 마케팅 믹스를 구성할지, 세그먼테이션을 어떻게 할지도 고민했고. 어차피 팀장님과 다른 많은 사람들에게 보여 주는 거라면 단순히 마케팅 이론을 정리하기보다는 실제 S상사의 사업에 어떻게 적용했고 또 어떤 성과가 나왔는지를 보여 주면 더 좋을 것 같아서 말이야. 어떻게 생각해?"

"아주 좋은 생각이야. 그럼 지루하지도 않을 것 같은데. 마케팅 이론만 이야기하는 세미나라고 하면 사람들은 머리부터 아파할 거야."

건우는 머리를 손가락으로 콕콕 두드리는 시늉을 했다.

"그래, 맞아. 나도 다른 사람의 세미나는 지겨워서 못 듣겠더라고. 특히 오후 3시의 이론 세미나는 정말 죽음이지. 하여튼 나름 정리하고 있으니까 이따 오후에 한 번씩 봐주고 또 의견 부탁해. 아참, 그리고 건우가 해줄 게 하나 더 있어. 파워포인트 좀 멋지게 꾸며 줘. 화살표 하고 네모 같은 도형들도 멋지게 그려 주면 좋겠는데."

"그런 거라면 걱정하지 마. 이래 봬도 컴퓨터 공학과 출신이라고!"

건우의 활기찬 대답에 유진은 더할 나위 없이 든든했다. 주말 내내 고생해서 열심히 준비한 발표 자료가 이렇게 마무리 됐다.

### 벽에 부딪힌 마케팅

드디어 허 팀장과 약속한 날이 다가왔다. 세미나실 안에는 사업 2팀 팀원들이 모두 모여 있었다. 유진은 그동안 정리한 내용을 담은 파워포인트 파일을 프로젝터에 연결해 하얀 스크린에 띄웠다.

이윽고 허 팀장이 들어왔다.

"자, 다들 바쁘니까 빨리빨리 진행합시다. 유진 씨가 발표를 하면 여러분이 궁금한 것들을 질문하면 됩니다. 질문을 안 하면 제가 대신 여러분에게 질문하겠습니다. 그러니 다들 긴장하고 들으세요. 알았죠?"

허 팀장의 당부에 다들 긴장하는 눈치였다. 유진 역시 부담이 컸다. 차라리 노래를 하라면 그게 더 쉬울 것 같았다.

"안녕하세요? 신입사원 정유진입니다. 제가 그동안 준비한 발표를 시작하도록 하겠습니다. 제 발표의 제목은 'S상사의 마케팅 전략 분석'입니다."

긴장한 탓인지 목소리 톤이 높고 말도 빨랐다. 그러나 몇 장의 슬라이드를 넘기는 사이 유진의 머릿속에 할아버지가 해주었던 이야기들이 하나씩 떠올랐다. 그때의 열띤 분위기 속에서 들려주던 할아버지의 친근한 목소리가 들리는 듯했다. 그러자 유진의 목소리도 점차 편안하게 바뀌어 갔다.

일부 직원들은 나른함에 꾸벅꾸벅 졸기도 했다. 어느새 30여 분의 시간이 지났다. 유진이 마지막 장을 넘겼댜.

"자, 이것으로 제 발표를 마치겠습니다. 질문 있으시면 해주시기 바랍니다."

유진이 먼저 허 팀장의 표정을 살폈다. 표정이 그리 밝아 보이지는 않았다. 나머지 사람들은 서로의 눈치를 살피고 있었다.

허 팀장이 뒤쪽을 쓰윽 훑어보았다. 그러고는 옆쪽에 있는 사람에게 질문을 던졌다.

"오 과장! 발표에서 제시된 보험 사업을 위한 마케팅 믹스가 적절하다고 생각합니까?"

오 과장이 갑작스런 질문에 화들짝 놀랐다.

"아, 네. 제가 볼 때는 잘 분석한 것 같습니다만……."

"강 대리. S상사의 컴퓨터 유통 사업에 대한 SWOT 분석에서 문제점은 없습니까? 우리 S상사의 대표적인 실패 사업 중 하난데."

강 대리 역시 긴장한 얼굴로 일어섰다.

"아, 팀장님. 죄송합니다. 제가 잠깐 딴 생각을 하느라 말씀하신 내용을 잘 이해하지 못했습니다."

팀원들에게 몇 가지 질문을 던진 후 허 팀장이 다시 유진을 보며 말했다.

"정유진 씨, 나름대로 열심히 분석했고 정성도 보이기는 합니다. 하지만 한마디 하자면, 이 정도의 분석으로는 부족합니다. 여러분도 마찬가지입니다. 기존의 마케팅적 상식만을 가지고 접근하면 남들을 이길 수가 없습니다.

지금이 어떤 시대입니까? 예전처럼 물건을 팔고 나서 몇 개가 팔렸는지를 가지고 성공을 논하는 시대입니까? 잘 안 팔리면 창고에 그냥 쌓아두면 되는 겁니까? 일일이 설문조사를 해봐야만 고객의 마음을 알 수 있는 그런 시대입니까? 시대가 변했습니다. 지금은 스마트 시대예요. 우리가 기획하고 사업을 진행하는 물건들에 대해 실시간으로 평가가 올라옵니다. 우리가 생각지도 못했던 곳에서 이야기가 나오고 불만이 터져 나옵니다. 이렇게 빠른 피드백이 있는 시장에서 안일하게 우리의 마케팅 믹스만 고집한다면 그만큼 뒤처지는 일입니다.

유진 씨의 발표에는 제가 기대했던 특별한 무언가가 빠져 있습니다. 일주일의 시간을 더 드리겠습니다. 그걸 찾아오세요. 과연 무엇이 정유진 씨의 발표에서 빠져 있는지. 알았죠?"

여기저기에서 웅성웅성하는 소리가 들렸다. 유진도 그렇고, 참관했던 건우와 서연도 난감한 표정이었다. 도대체 무엇이 부족하다는 것인가? 도대체 팀장이 기대하는 것은 무엇인가? 누가 보더라도 괜스레 트집을 잡는다는 느낌이었다. 팀장은 자리를 박차고 일어났다. 유진은 팀장을 향해 애원하듯 물었다.

"팀장님, 제발 힌트를 주십시오. 2주 동안 최선을 다해 준비했습니다. 그런데 지금 말씀하신 것에 대해 도무지 감을 못 잡겠습니다."

유진의 목소리가 떨리고 있었다. 모든 사람의 시선이 밖으로 나가려고 문고리를 잡고 있는 허 팀장에게로 향했다.

"다시 한 번 말하지만, 방금 한 발표는 나쁘지 않습니다. 하지만 제가 생각하는 중요한 게 빠져 있습니다. 해답이 궁금하다면 백화점에 가서 찾아보세요. 마트도 좋고. 아니면 여기 있는 다른 사람들에게서 찾아보든지. 이상 오늘 세미나는 마치도록 하지요. 답을 찾기 싫으면 안 찾아도 됩니다. 다만 다음 달부터 우리가 같이 일할 일은 없겠지요. 다른 분들도 남 이야기 듣듯 하지 마세요. 비단 유진 씨뿐이 아닙니다. 우리 사업 2팀 모두 이제 서로 볼 일이 없을지도 모릅니다!"

팀장은 그대로 휭 하니 문을 닫고 나가버렸다.

사람들이 웅성거리며 자리에서 일어섰다. 그러고는 책상 위에 놓여 있던 발표 자료를 들고서는 하나둘씩 세미나실을 빠져나갔다. 허탈해진 유진과 건우, 서연은 세미나실 앞쪽 테이블에 걸터앉아 서로 얼굴만 바라봤다.

"난 칭찬해 주실 줄 알았는데, 팀장님도 너무하시네. 발표 자료는 정말 근사했는데. 도표도 멋지고."

건우는 유진의 발표 자료를 다시 한 번 훑어보며 아쉬운 표정을 지었다.

"칭찬이 없었던 건 아니지. 그래도 나가시면서 '나쁘지 않다'고 말씀하셨으니까. 깐깐하기로 소문난 허 팀장님이라면 그게 최고의 칭찬일지도 몰라."

서연이 허 팀장의 반응에 뭔가 긍정적인 부분을 찾아내려 애썼다.

"그나저나 도저히 감이 잡히지 않아. 사실 이번 발표를 준비하면서 S상사의 주요 보고서, 백서, 사례집들을 수도 없이 분석했어. 도대체 뭘 더 하라는 거지? 정말 허 팀장님이 원하는 게 뭘까?"

"내가 볼 때는 그냥 유진을 골탕 먹이려고 그러는 것 같아. 그렇지 않고서는 이렇게 훌륭한 발표를 그렇게 무시한다는 게 이해가 안 간다고."

건우가 고개를 설레설레 흔들었다.

"일단 다시 한 번 방법을 찾아보자. 과연 팀장님께서 의도하는 게 뭔지 말이야. 팀장님이 좀 괴팍하기도 하고 또 사람을 잘 비꼬기도 하지만 장난으로 그러시는 분은 아니거든. 다만 너무 솔직하고 표현이 직설적인 걸 수도 있어."

"그래, 서연의 말이 맞아. 팀장님은 너무 직설적이셔. 그래서 그런지 사실 회사에 적이 너무 많아. 임원회의에 가서도 저렇게 부딪치신대. 임원들에게도 찍혔다고 그러더라고. 그러니까 상무로 승진을 못하고 저렇게 계시는 거야."

건우가 거들었다.

"어쨌든 발표하고 나니 홀가분하긴 해. 요 며칠간 정말 가시밭길을 걷는 느낌이었어. 2주가 마치 2년 같이 느껴졌거든."

"그래, 정말 수고했어. 어서 들어가서 쉬어."

"유진아, 오늘 발표 정말 멋졌어. 얼마나 노력을 많이 했는지 알겠더라. 푹 쉬고 내일 보자."

건우와 서연이 자리를 떠나자 유진도 그제야 걸터앉아 있던 책상에서 일어섰다. 유진은 노트북에 연결된 선들을 주섬주섬 정리하고는 리모컨을 두 번 눌러 프로젝터의 전원을 껐다. 세미나실의 전등을 거의 다 꺼둔 탓인지 프로젝터의 화면이 꺼지자 세미나실은 대낮인데도 어두침침하게 변했다. 마치 자신의 앞날이 캄캄해진 것처럼 순간 유진은 불안함을 느꼈다. 세미나실에 정적이 감돌았다. 오직 불 꺼진 프로젝터의 램프를 식히기 위해 돌고 있는 팬 소리만이 요란하게 들릴 뿐이었다. 갑자기 긴장이 풀어져서인지 유진은 머리가 깨질듯이 아파오는 것을 느꼈다.

몸이 아프다고 말하고는 일찍 회사를 나온 유진은 들어가는 길에 집 앞 약국에 들렀다. 진통제를 받자마자 바로 포장을 뜯었다. 그러고는 드링크와 함께 두 알을 입에 털어 넣었다. 오늘 따라 약국의 드링크도 무척이나 쓰게 느껴졌다. 유진은 집에 들어와 화장도 지우지 않은 채 침대에 그냥 쓰러져 버렸다.

**PART 2**
# 끌리는 사람에게는 스토리가 있다

물건을 팔려 하면 사람들이 멀어지지만
이야기를 하면 사람들이 다가온다

# STORY...
# 스미스 박사와의 만남

•• 
우리는 그것을 마법이라고 부른다

얼마나 잤을까? 위익위익위익, 요란하게 울리는 전화기의 진동 소리에 유진은 정신이 들었다. 아직도 몸이 천근만근 무거웠다. 얼핏 눈을 떠보니 사방이 어두운 게 밤인 모양이었다.

'아, 너무 피곤해. 전화 받기도 힘들어. 급하면 다시 연락하겠지'

유진은 진동음을 무시하고 다시 눈을 감았다. 그때 무언가가 바닥으로 떨어지는 소리가 들렸다. 드르륵, 퍽. 요란한 소리를 내며 부서지는 소리가 났다.

'아, 전화기!'

식탁 테이블 모퉁이에 아무렇게나 올려놓았던 전화기가 진동으로 움직여 바닥으로 떨어져버린 것이다.

'아, 큰일이네. 산 지 얼마 안 된 건데.'

유진은 겨우 침대를 짚고 일어섰다. 머리가 핑 도는 게 다시 쓰러질 것만 같았다.

실내는 무척 어두웠다. 도무지 몇 시인지조차 감이 잡히지 않았다. 겨우 스위치를 찾아 불을 켠 후 식탁 아래를 살폈다. 전화기의 뚜껑은 분리되어 있고 배터리도 저 멀리 떨어져 있었다. 걱정스런 마음에 조심스럽게 다시 배터리를 끼워넣고 전원을 켰다. 이윽고 익숙한 로봇이 나와 춤을 추더니 '딩동' 하는 안내음이 나왔다. 다행이 전화기는 망가진 것 같지 않았다. 부재중 전화 기록을 보니 방금 전의 전화는 호주에서 온 것이었다. 벌써 수차례 전화가 왔었는데 유진이 깊게 잠들어 몰랐던 것이다. 유진은 순간 호주에 살고 계신 부모님께 무슨 일이 생긴 것은 아닌지 걱정이 됐다. 전화기의 시계는 저녁 9시를 가리키고 있었다.

'뭐야, 벌써 밤이야? 몇 시간을 잔 거지?'

유진의 부모가 살고 있는 호주의 시드니는 서울과 한 시간의 시차가 있으므로 지금 시드니는 밤 10시일 터였다.

유진은 걱정스런 마음을 안고 호주로 전화를 걸었다. 전화는 아버지가 한 것이었다. 아버지의 이야기로는 같은 교회를 다니는 스미스 박사가 한국으로 출장을 가는데 인사도 하고 서울 안내를 부탁한다는 내용이었다.
'스미스 박사? 누구더라…… 아!'
유진이 기억해 낸 바에 따르면 스미스 박사는 시드니에서 로펌을 운영하는 사람이다. 아버지와 같이 교회 활동도 하고, 교회 법률 자문도 해주고 있어서 대학을 마치고 잠시 호주에 있을 때 몇 번 만난 적이 있었다. 워낙 국제적인 활동을 많이 하기도 하고 한국어, 일어, 영어 등 외국어에 능통해서 호주에서 한인, 일본인, 호주인을 상대로 사업을 하는 아주 능력 있는 사람이었다.
그렇잖아도 일 때문에 머리가 아픈 유진으로서는 갑작스런 아버지의 부탁에 더 골치가 아파 오는 것 같았다. 아버지는 스미스 박사가 내일 인천 공항에 도착하니 꼭 마중을 나가라고 당부하고는 전화를 끊었다.
'아! 아버지. 지금 제 코가 석 자입니다. 하필 이럴 때 제게 이런 짐을 지워 주시나요.'
별로 안면도 없고 친하지도 않은 어른을 모시고 도무지 뭘 어떻게 하라는 건지 유진은 막막하기만 했다.

### 호주에서 온 손님

비행 현황을 알리는 상황판을 보니 호주에서 오는 KE008 편의 상태가 'Landed'로 바뀌었고 출구는 E로 표시되어 있었다. 유진은 서둘러 출구 E로 갔다. 그리고는 'Dr. Smith'라고 적은 종이를 꺼내 들었다. 사실 이런 종이 없이도 스미스 박사의 얼굴을 알아볼 수는 있을 것 같았지만 그래도 아버지 체면도 있고 하니 좀더 성의 있게 맞이하고자 안내 데스크에서 종이를 얻어 매직펜으로 적은 것이다.

드디어 사람들이 나오기 시작했다.

'스미스 박사님 정도면 비즈니스 클래스를 타시지 않았을까? 그럼 이코노미보다 먼저 밖으로 나오시겠네.'

유진은 빠져 나오는 사람들의 얼굴 하나하나를 유심히 살폈다. 몇몇이 지나가는가 싶더니 곧이어 저 멀리서 누군가가 유진을 보며 손을 흔들었다. 스미스 박사였다.

'역시 대단한 분이네. 나를 기억하고 있잖아?'

유진도 스미스 박사를 반갑게 맞았다.

"유진! 잘 지냈습니까? 정말 한국 오랜만입니다. 공항이 아주 훌륭하군요!"

스미스 박사는 밝은 표정을 지으며 주위를 둘러보았다.

유진은 스미스 박사와 함께 택시를 타고 박사가 예약했다는 시내의 호텔로 향했다. 공항 고속도로를 달리면서 스미스 박사와 이런저런 이야기를 나누었다.

대학을 졸업하고 호주로 이민을 온 게 아니었냐, 왜 자기네 사무실 인턴 제안을 거절했냐, 왜 1년 만에 다시 한국으로 떠났냐, 한국에 와서 어떤 일을 했냐? 등등. 스미스 박사는 유진에 대해 궁금한 게 무척이나 많은 모양이었다. 유진은 피곤했지만 성의껏 답변을 하고 또 그동안 자신에게 있었던 일들에 대해서도 이야기를 했다. 그리고 혹시나 바쁘다고 말하면 자기를 조금이라도 덜 귀찮게 할까 싶어 마케팅 관련 공부를 하느라 고생한 이야기, 회사의 어려운 상황 그리고 팀장이 내준 숙제 이야기 등 현재 자신이 얼마나 바쁘고 힘든 나날을 보내고 있는지 상세하게 말했다. 힘든 상황들을 떠올리자 이야기 중간에 순간 울컥하기도 했다.

잠시 침묵이 흘렀다. 유진은 슬쩍 스미스 박사의 표정을 살폈다. 스미스 박사는 창밖을 바라보며 입가에 엷은 미소를 짓고 있었다.

잠시 후 스미스 박사가 입을 열었다.

"내가 여기 온 이유가 무엇인지 알고 있습니까?"

"아뇨. 잘 모릅니다. 아버지께서 저에게는 별다른 말씀을 안

해주셨거든요."

"사실 우리 회사는 비즈니스 컨설팅을 합니다. 이번에 한국의 기업 중 하나와 호주에 새로운 상품을 출시하는 문제 때문에 온 거죠. 아마 유진도 내가 하는 일에 대해 충분히 관심이 있을 것 같군요."

유진은 적잖이 놀랐다. 호주에서 스미스 박사가 하는 사업은 로펌이 아니라 경영 컨설팅이었던 것이다. 유진이 호주에 있을 때는 구체적으로 뭘 하는지 잘 몰라 단순한 법률 자문인 줄로만 알고 있었다. 그런데 지금 설명을 듣고 보니 마케팅을 위한 컨설팅이 주 업무였던 것이다.

"박사님, 제게 도움이 될 만한 내용이 있을까요?"

"그럼요. 내가 볼 때 유진의 팀장이 이야기한 내용이 바로 우리가 하는 업무와 관련이 있는 것 같습니다. 우리 컨설팅 노하우이기도 하죠. 그건 마법과도 같은 겁니다."

"마법이요? 마케팅을 위한 건가요?"

유진의 궁금증이 파도처럼 밀려들었다.

"네. 나는 그걸 마법이라고 부릅니다. 바로 '스토리의 마법'이죠."

'스토리의 마법!'

유진은 왠지 자신 앞에 놓여 있는 벽을 허물어 줄 실마리를 찾을 수 있을지도 모른다는 예감이 들었다.

"박사님, 좀더 자세히 이야기해 주실 수 없나요?"

**스토리의 마법**

"물론이죠. 하지만 서두르면 안 됩니다. 그렇게 어려운 개념은 아니지만 그렇다고 잠깐 듣는다고 이해할 수 있는 것도 아닙니다. 나는 유진이 이곳에서 그런 마케팅 관련 도움을 필요로 하는지 몰랐습니다. 알았으면 좀더 일찍 와서 도와줄 수 있었을 텐데요. 물론 장담은 못하지만요."

스미스 박사가 환하게 미소를 지었다.

"사실 나는 한국에 정말 오랜만에 왔기 때문에 일을 마치고 한 며칠 둘러보며 지낼 생각입니다. 쉬면서 생각도 좀 정리하고, 여기 있는 동안 우리 재미있는 마케팅 이야기도 좀 해봅시다. 스토리의 마법에 대해서도 말이죠."

유진은 스미스 박사의 뜻밖의 제안에 무척이나 놀랐다. '스토리의 마법'이라. 그것도 마케팅을 위한 마법이라니. 다른 말도 아니고 '마법'이라는 말에 진짜 마법에라도 걸린 것처럼 유진의 머릿속이 신비로운 기대감으로 넘쳤다.

유진 일행이 탄 택시가 호텔이 있는 고속터미널 쪽으로 향할

즈음 스미스 박사의 시선을 끄는 무언가가 있었다.

"오, 독특하군요. 저게 뭔가요?"

스미스 박사의 시선을 따라가던 유진이 고개를 갸웃거렸다. 산과 산을 잇는 커다란 아치 모양의 다리 밑을 택시가 지나가고 있었다.

"그냥 구름다리 같은데요. 육교인가? 저도 처음 보는 거라서요."

스미스 박사는 구름다리에서 눈을 떼지 못했다.

어느새 택시는 호텔에 도착했다. 이미 날이 저물어 하늘이 어두워져 있었다. 벨보이가 택시 트렁크에 실려 있는 스미스 박사의 짐을 배기지 카트에 옮겨 실었다. 유진이 스미스 박사에게 다가가 물었다.

"내일 박사님 일정은 어떠세요?"

"특별한 일정은 없고 모레 있을 미팅 자료를 만들려고 합니다. 시간 되면 점심을 하거나 차라도 한잔 합시다."

유진도 전화기를 꺼내 일정표를 살폈다.

"내일 점심에 시간이 될 것 같아요. 같이 식사하시죠. 12시까지 호텔 로비로 오겠습니다."

"네! 좋습니다, 유진."

스미스 박사도 들고 있던 커다란 다이어리에 무언가 열심히 적었다.

"오늘은 늦어서 먼저 실례를 해야 할 것 같습니다. 내일 뵙도록 할게요."

"그래요, 유진. 오늘 호텔까지 바래다 주어 정말 고맙습니다."

벨보이와 함께 호텔 로비로 들어서는 스미스 박사를 뒤로하고 유진은 서 있는 택시에 올랐다.

'스토리의 마법…… 스토리의 마법이란 말이지!'

택시를 타고 가는 내내 유진은 궁금해서 좀이 쑤실 지경이었다.

# STORY... 스토리의 마법 1
# 사람을 행복하게 하는 이야기

● ●

심리학으로 사람의 마음을 이해하고
스토리로 사람의 마음을 움직인다

시계는 이미 12시 15분을 가리키고 있었다. 늦지 않기 위해 일찍부터 서둘렀지만 생각보다 길이 많이 막혀서 결국 조금 늦고 말았다. 길지 않은 점심시간인지라 유진의 마음이 조급했다. 그렇지 않아도 궁금한 게 많았는데, 유진은 좀더 서두르지 않은 자신을 원망했다. 예상대로 스미스 박사는 먼저 로비에 나와 있었다.

"박사님, 제가 좀 늦었어요. 정말 죄송합니다. 박사님의 소중한 시간을 이렇게 낭비하게 해 버렸네요."

유진의 사과에 스미스 박사가 환하게 웃었다.

"아니요, 괜찮습니다. 기다리는 동안 얼마 전부터 만나고 있는 이 친구가 저와 함께 해주었습니다. 나름대로 즐거운 시간이었습니다."

스미스 박사는 들고 있던 책을 흔들어 보였다. 유진은 당황스럽기도 해서 어쩔 줄을 몰라 했다.

"방금 유진의 사과는 인상적이었습니다. 제 시간을 배려해주는 마음이 있었죠. 다른 사람들은 핑계를 대고 자기 합리화하기 바쁜데, 유진은 솔직하게 잘못도 인정했구요. 그런 솔직한 말 한마디가 사람의 마음을 움직이는 것입니다."

스미스 박사의 위로에 유진의 긴장이 조금은 풀리는 듯했다. 한편으로는 따스한 말 한마디로 잘못한 사람을 배려하는 스미스 박사의 너그러움이 왠지 대인배처럼 느껴졌다. 본인의 말처럼 그의 말 속에는 사람의 마음을 움직이는 무언가가 듬뿍 담겨 있었다.

호텔 뷔페에서 간단히 점심식사를 마친 두 사람은 차를 마시며 이야기를 나누었다. 스미스 박사는 조심스럽게 '스토리의 마법' 이야기를 꺼냈다.

"사실 어제 스토리의 마법 이야기에 유진이 상당한 관심을 보이는 걸 눈치 챘습니다. 그래서 오늘은 그 이야기부터 해보려고 합니다."

스미스 박사는 또박또박 분명하게 말을 이었다.

"네, 박사님. 감사합니다. 어제도 말씀 드렸지만 저는 지금 매우 절박한 상황이에요. 스토리의 마법이란 게 도대체 무엇인가요?"

"좀 실망할 수도 있겠지만 스토리 마법의 기본 개념은 의외로 간단합니다."

"간단하면 더 좋죠. 복잡한 마케팅 이론 공부하느라 정말 힘들었거든요."

유진은 단순하다는 스미스 박사의 제안에 점점 더 흥미가 생겼다.

"스토리 마법의 기본 원리는 바로 유진도 알고 있습니다."

"네? 무슨 말씀이신지. 제가 그걸 몰라서 지금 이렇게 여기 앉아 있는 거 아닌가요?"

유진은 당황했다. 순간 혹시 이 사람이 자신을 놀리려는 게 아닌가 하는 생각이 들었다.

"사실 정확히 말하자면 알고 있는 것은 아니겠죠. 왜냐하면 의식하고 개념화 하지는 못했으니까. 하지만 이미 많은 부분에서 영향을 받고 있을 겁니다."

유진은 아무리 생각을 해봐도 스토리의 마법과 본인의 생활을 전혀 연관시킬 수 없었다.

"스토리의 마법에 앞서 재미있는 이야기 하나 해 줄게요. 어떤 부부가 있었습니다. 어느 날 남편이 아내에게 값비싼 고급 승용차를 사야겠다고 말했어요. 당연히 아내는 반대를 했겠죠. 아무래도 부부의 현실에 맞지 않는 수준의 자동차였거든요. 실랑이를 벌이며 아내가 말했습니다. '그 자동차는 우리에게 필요 없잖아요. 그러니 제발 사지 말아요.' 이 말을 듣고 남편이 아내에게 뭐라고 말을 했답니다. 그러고는 결국 그 자동차를 살 수 있었죠. 자, 남편이 뭐라고 했기에 아내가 설득을 당했을까요?"

"아, 글쎄요. 캐피탈로 사면 된다고 했을까요?"

유진이 웃으며 머리를 긁적였다. 스미스 박사는 유진의 대답에 함께 웃으며 고개를 저었다.

"그건 좀 재미없는 대답인걸요. 자, 남편이 아내에게 그랬답니다. '내가 당신과 결혼한 건 당신이 필요해서가 아니에요. 당신을 진심으로 원했기 때문이지'라구요. 어때요?"

스미스 박사가 유진을 보며 한쪽 눈을 찡긋해 보였다. 유진은 무슨 뜻인지 몰라 하다 한참 생각한 뒤 비로소 그 의미를 알았다.

"아, 그러니까 아내와 결혼한 게 필요에 의한 것이 아니듯, 자동차도 필요하진 않지만 꼭 갖기를 원한다는 거군요. 아내만큼이나 소중하고 아내만큼이나 원한다는 비유를 한 거죠.

맞죠?"

유진이 좀 썰렁했다는 표정을 지으며 겸연쩍게 웃고는 커피 잔을 입에 가져갔다.

"유진의 반응을 보니 별로 재미가 없었던 모양이군요. 그럼 이 이야기가 재미있다는 말은 취소입니다. 그러나 오늘 내가 말하고자 하는 스토리의 마법의 핵심을 이루는 아주 중요한 이야기입니다."

스미스 박사의 말에 유진은 '풉' 하고 커피를 뿜을 뻔했다.

'엥? 그럴 리가? 별로 재미없는 이야기인데?'

"스토리의 마법의 핵심이라구요?"

스미스 박사가 고개를 끄덕였다.

"네, 그렇습니다. 바로 이 이야기에 핵심이 들어 있어요. 우리가 어떤 상품을 마케팅하는 데 있어 예전의 공업 사회에서는 '당신에게 이 제품이 필요하다'는 것을 강조했죠. 하지만 아까의 그 이야기에서 보듯이 우리 소비 행동의 많은 부분은 필요해서 사는 게 아니라 바로 원하기 때문에 사는 겁니다. 'What we need'가 아니고 'What we want'를 사는 거죠. 바로 그곳에 사업의 성패와 커다란 가치가 담겨 있습니다."

유진은 과연 그런지 곰곰이 생각해 보았다.

"자, 유진. 유진의 소비 행태는 어떤지 한번 봅시다. 최근에 무엇을 쇼핑했습니까?"

최근에 무엇을 샀는지, 유진이 하나하나 나열해 보았다.

"지난 주말 백화점에서 신상품인 가방을 하나 샀구요, 회사에서 입을 재킷을 하나 샀고, 구두도 샀고, 그리고 또……."

"좋아요, 유진. 내가 하나 물어 봅시다. 신상품 가방이 꼭 필요했습니까?"

유진이 잠시 멈칫했다.

"아니, 꼭 그렇지는 않아요. 그런데 정말 예쁘더라구요."

"재킷은 어떤가요? 구두는요?"

"아, 그 경우는 애매해요. 제가 출근할 때 입고 신을 거니까 어느 정도는 필요한 쪽 아닌가요?"

"지금 구두가 없나요? 재킷은요?"

"아니요, 있기는 있죠. 그런데 새로 산 것처럼 예쁜 건 없어요……."

유진이 말꼬리를 흐렸다. 필요하다고 하긴 했지만 사실 그 구두와 재킷 말고도 이미 집에는 매일 바꿔 입고 신을 만한 것들이 충분히 있었다.

"유진이 산 고가의 물건들은 모두 필요해서 산 거라고 보기 어려워요. 물론 어떤 면에서는 필요한 것일 수도 있겠지만, 기존의 것들이 있음에도 불구하고 유진이 더 원했기 때문에 산

것들입니다. 맞습니까?"

"네, 맞는 것 같아요."

"그런데 유진은 왜 그것들을 원했을까요? 돈이 많아 보이려고? 세계적인 트렌드 리더처럼 되기 위해서? 아니면 그것을 갖고 있는 사람들과 어울리기 위해서?"

"……"

유진은 스미스 박사가 말하는 이유들에 대해 긍정도 부정도 할 수 없었다.

"사람들이 쇼핑을 하는 이유가 무엇일까요? 아마도 쇼핑을 하는 이유를 이성적으로 설명하기는 어려울 겁니다. 왜냐하면 본인도 왜 그것을 필요로 하는지 논리적으로 설명할 수 없으니까요. 다만 그것들을 사고 즐김으로써 그런 것을 느끼는 다른 사람들과 어울리며 그들만의 문화를 느끼고 싶어서인 경우가 많다는 겁니다. 바로 '감성'이 작용하는 거죠.

오늘 오전에 주변을 둘러보니 한국에도 고급 커피전문점이 아주 많더군요. 이용하는 사람들도 많구요. 우리가 커피가 꼭 필요해서 마시는 것만은 아닐 겁니다. 그런 멋진 분위기의 커피숍에서 차를 마시며 이야기도 하고 책도 보면서 편안함을 느끼는 대가로 고가의 돈을 지불할 의사가 충분히 있다는 것이지요. 바로 이것이 이성보다도 감성에 의한 쇼핑입니다."

"제 친구도 그런 말을 했어요. 스타벅스가 받는 돈은 커피 값이 아니라 그 매장의 분위기, 문화, 서비스 값이라고요."

"그래요, 그것이 바로 감성입니다. 이런 감성 사회에서는 물건 자체의 원래 기능보다도 그 물건이 우리에게 가져다주는 무엇인가에 좀더 많은 의미가 부여됩니다. 그것이 중요한 마케팅 포인트입니다. 아까 유진이 말한 브랜드의 제품들은 아마도 유진이 가치를 두는 그런 모습으로 유진의 마음속에 자리하고 있을 겁니다. 그렇기 때문에 가방 하나, 구두 하나를 가지고도 우리는 그렇게 만족하고 행복할 수 있는 거죠."

유진은 스미스 박사의 설명에 점점 빠져 들었다. 생각해 보니 정말 그런 것 같았다. 기능으로 따지자면 그냥 1000원 마트에서 싼 물건을 살 수도 있지만 굳이 대형마트나 백화점에 가서 물건을 사는 이유는 단순히 가격이나 기능의 문제가 아니었다. 마트에서 카트를 밀고 다니면서 눈으로 소비하는 문화, 백화점에서 고가의 고급 제품들을 보며 내 인생을 시뮬레이션 해 보는 그런 분위기. 바로 그런 것을 원하는 것이었다. 비록 한 켤레의 구두지만 그 구두를 사기까지 신어 보았던 여러 구두들, 그리고 머릿속으로 마네킹이 신고 있던 구두와 입고 있던 옷을 자신이 대신 입고 있는 상상을 하며 느끼는 황홀감 그리고 거기에서 오는 행복감. 그런 것들을 계산대에서 신용카드와 교환해 아름다운 쇼핑백에 고이 담아 오는 그런 모습이었다.

"자, 이제 다시 물어 보겠습니다. 유진은 스토리의 마법의 원리를 알고 있습니까?"

유진은 갑작스런 질문에 당황하긴 했지만 순간적으로 사람의 마음, 즉 감성을 자극하는 방법이 '스토리'일 거라는 생각이 들었다.

"네, 알 수 있을 것 같아요. 내 감성을 움직이고 나를 행복하게 만들어 줄 스토리가 있었던 것 같아요. 어쩌면 제가 정말 마법에 걸렸을 수도 있겠어요."

유진의 대답에 스미스 박사가 환하게 웃었다.

"훌륭합니다. 바로 그거예요. 자, 그럼 이제 감성이 움직이고 있다는 사실을 대충 알았으니 어떻게 하면 사람의 마음을 움직이는 마법의 주문 스토리를 만들 수 있는지 그 원리들을 차근차근 확인해 봅시다."

**사람의 심리를 이해하라**

"스토리의 마법에 있는 핵심 원리는 '스토리는 사람의 마음을 움직일 수 있다는 것'입니다. 그렇다면 제일 먼저 사람의 마음에 대해 이해해야겠죠. 우리 마음이 어떻게 반응하는지에 대해 연구한 전문가들은 아주 많습니다. 그들이 찾아낸 '사람의 심리'에 대해 먼저 살펴 봅시다."

"심리학을 말씀하시는 건가요?"

"네, 그렇습니다. 마케팅을 위한 스토리의 마법의 핵심은 단순한 재미나 메시지가 아니고 '상대의 마음을 움직이는 힘이 있는가'입니다. 혹시 상대를 설득하는 방법에 대해 들어 본 게 있습니까?"

유진은 예전에 읽었던 책들 중에 설득과 심리를 언급했던 책들을 떠올렸다.

"제가 기억하는 건 어떤 책에서 이야기하던 몇 가지 원칙들이에요. 이번에 마케팅 공부하면서 동료가 권해 주었던 책이기도 하구요."

"어떤 것들이 있습니까?"

"우선 '호감의 법칙'이 있습니다. 이건 하나의 사실에 호감을 가지면 나머지도 좋게 본다는 의미로 알고 있어요. 그 다음 '권위의 법칙'이에요. 사람들은 권위 있는 사람의 말을 믿는 경향이 있다는 거죠. 그 다음에는 '희귀성의 법칙'인데, 이건 홈쇼핑의 사례에서도 많이 나오더라구요. 소비자들은 오히려 매진되어 재고가 없는 상품을 더 찾는다고 하더군요."

"아! 로버트 치알디니 교수의 『설득의 심리학』에 대한 이야기군요. 영문 제목은 'Influence'로 다른 사람에 대한 '영향'을 뜻하죠. 치알디니 박사는 심리학계에서 매우 유명한 전문가입니다. 그분이 제시한 이론들도 결국 사람에 대한 다년간의 연구를 통해 추려진 것이죠. 일단 심리학 분야에서 알려져 있는 몇 가지 심리 효과를 살펴봅시다."

---

**이야기에 도움이 되는 6가지 심리 효과**

1. 초두 효과 — Primary Effect
2. 맥락 효과 — Context Effect
3. 최신 효과 — Recent Effect
4. 부정 효과 — Negative Effect
5. 후광 효과 — Halo Effect
6. 플라시보 효과 — Placebo Effect

---

스미스 박사가 가방에서 종이 하나를 꺼내 유진에게 건넸다. 거기에는 '이야기에 도움이 되는 6가지 심리 효과'라는 제목이 쓰여 있었다.

"이 여섯 가지는 잘 기억해 둘 필요가 있습니다. 앞으로 우리가 어떤 이야기를 만들든 항상 염두에 두어야 할 내용입니다. 먼저 초두 효과와 맥락 효과는 비슷합니다.

**초두Primary 효과**는 처음에 어떤 인상이 형성되면 사람들은 그 이미지를 쭉 이어 간다는 것이죠. 철수가 회사에 입사해서 첫날 지각을 했습니다. 그럼 다른 사람들은 철수는 항상 지각하는 사람이라는 이미지를 이어 갑니다.

**맥락Context 효과는 처음 정보에 의해 그 다음 정보에 대한 맥락이 이어진다는 것입니다.** 즉, 처음 인상이 다음 판단에도 영향을 미친다는 것이죠. 철수가 좋은 계약을 따냈습니다. 그러면 사람들은 '철수는 지각은 하는데 계약은 잘 따내네.' 이런 식으로 첫인상과 연관시켜서 생각하는 것입니다.

이런 것들이 바로 '일관성의 법칙'과 연관되겠죠. 사람들은 자신의 판단을 일관되게 이어 가려고 하기 때문입니다."

"박사님 이야기를 들어 보니 첫날 지각하는 바람에 철수는 완전히 찍혔군요."

"하하, 그렇습니다. 그러니 첫인상은 아주 중요합니다. 물론 최신 효과라는 것도 있습니다.

**최신Recent 효과는 시간적으로 제일 마지막의 느낌이 기억에 잘 남는다는 것입니다.** 이는 초두 효과와는 반대되는 개념이죠."

"초두 효과하고 최신 효과는 상반되는 개념인 것 같아요. 그럼 처음과 끝만 기억에 남는다는 건가요?"

"그럴 수도 있죠. 예를 들어 철수가 다른 회사에 가서 영업을 위한 프레젠테이션을 한다고 합시다. 그렇다면 철수의 처음 모습과 처음 설명의 내용은 인상으로 남구요, 마지막 발표의 요약 및 정리하는 모습은 기억에 남게 되는 것이죠. 이는 사람들의 집중력과 기억력하고도 관련이 있습니다. 사람은 오래된 건 잘 기억하지 못합니다. 그래서 제일 마지막에 들은 걸 기억하는 것이고, 특히 프레젠테이션이나 세미나처럼 일방적으로 어떤 정보를 전달받는 경우에는 자칫하면 졸거나 주의가 산만해져서 중간 부분에는 전혀 집중을 못하는 경우도 많습니다. 차라리 끝나고 커피숍에 가서 몇 마디 이야기라도 해주면 그건 아마 잘 기억할 거예요."

"에구, 찔리네요. 저도 처음 회사에 가서 여러 강사들의 발표를 듣는데 정말 중간 부분은 하나도 기억이 안 나더라구요. 어찌나 졸리던지. 하지만 신기하게도 '자, 결론입니다' 하면 정신이 번쩍 나더라구요."

"하하, 누구나 그렇습니다. 그러나 유능한 강사라면 이런 청중들의 심리를 잘 파악하고 있어야겠죠. 중요한 말은 자주 반복하도록 프로그램도 구성해야 하고, 무엇보다도 청중들이 지루하지 않도록 중간중간에 재미있는 요소를 넣어서 주의를 환기시켜야 하죠."

"재미있는 요소라면 어떤 것들이 있죠?"

"유진은 혹시 어떤 발표가 정말 재미있다고 느낀 적 없었나요?"

스미스 박사의 갑작스런 질문에 유진이 곰곰이 기억을 끄집어냈다.

"글쎄요, 특별히 기억나는 건 없는데요. 대부분 지루했어요. 다만 제가 강의를 한다면 사람들이 지루해 할 때 재미있는 농담이나 이야기를 해주는 것은 어떨까 하고 생각한 적은 있어요. 아니면 재미있는 동영상을 보여 주거나."

"그런 것도 좋습니다. 미리미리 몇 가지씩 준비해 가면 좋죠. 그게 아니더라도 제일 쉽게 할 수 있는 게 바로 질문입니다. 사람들의 반응을 들어가면서 진행한다면 적절히 긴장도 되고 또 좀더 새로운 시각을 함께 공유함으로써 흥미도 더할 수 있구요. 아니면 잠시 쉬는 시간을 갖는 것도 좋습니다. 기지개를 켜거나 잠시 대화를 나누고 차를 마실 수 있는 시간을 갖는 거죠. 긴장을 풀고 혼미해진 정신을 가다듬을 수 있습니다."

스미스 박사는 심리 현상에 대한 설명을 했다.

"그 다음은 네 번째인 부정 효과입니다.

**부정Negative 효과는 부정적인 정보가 긍정적인 정보보다 더 기억에 남는다는 것이죠.** 이는 스트레스와 관련이 있습니다. 우리 뇌는 스트레스를 받으면 이 신호가 뇌의 기억 영역을 자극하게 됩니다. 아무래도 부정적이고 나쁜 것들이 좀더 스트레스를 유발하기 때문이죠. 혹시 이런 것들이 어떻게 이용되는지 알고 있나요?"

"부정적인 정보가 기억에 더 남는 거요? 가급적 남기지 않는 게 좋은 것 아닌가요?"

유진은 부정보다는 긍정적인 정보를 남기려 노력해야 한다고 생각했다.

"물론 그렇기는 하죠. 보통 이 원리를 이용해서 상대를 비방하거나 경쟁사의 포지셔닝을 나쁜 쪽으로 바꾸려는 시도를 많이 합니다. 아스피린과 타이레놀이 경쟁할 때 타이레놀이 이 방법을 사용했다고 하죠. 아스피린은 위장 장애와 복통을 일으킬 수 있으니 복용시 주의하라고. 이런 건 강하게 기억 속에 남습니다. 따라서 사람들이 아스피린을 보면 혹시나 하며 복통을 떠올리고 결국 기피하게 하는 효과를 유발했죠."

"그렇군요. 정말 경쟁자에 대한 네거티브 마케팅으로 그것을 역이용하는군요. 정말 사람의 심리에 대해서는 눈 똑바로 뜨고 잘 이해할 필요가 있겠어요. 허무하게 안 당하려면."

유진의 대답에 스미스 박사가 고개를 끄덕였다.

"그렇죠. 아무리 유능한 철수라도 '저 사람 첫날 지각한 사람이야'라고 반복해서 이야기한다면 사람들은 철수에 대해 지각하는 사람이라는 사실만을 떠올려 심지어 그를 게으른 사람이라고 확대해석하게 되죠. 이것이 네거티브의 무서운 점입니다. 그래서 우리는 조심해야 하고 또 냉정해져야 하는 겁니다. 사람의 마음이 움직이는 원리를 잘 안다면 상대가 내 마음을 움직이고자 할 때 가만히 앉아서 당하지만은 않을 테니까요.

이번에는 다섯 번째로 후광 효과입니다.

**후광Halo 효과는 어떤 뚜렷한 특징이 그 사람의 모든 것을 좌우한다는 것이죠.** 우리가 광고에서 유명인을 많이 보게 되는 것도 그런 이유입니다. TV에서 좋은 이미지를 갖고 있는 사람들은 실제로도 모든 면에서 다 좋을 것 같은 느낌. 잘생긴 사람이 성격도 좋을 것 같은 느낌. 왠지 저 사람이 광고하는 물건은 더 좋아 보이고 더 신뢰가 가는 그런 느낌이죠."

"맞아요. 그래서 한 번 음주운전이나 도박, 폭행 같은 걸로 걸리면 모든 광고에서 퇴출되잖아요. 광고 속 상품도 덩달아 이미지가 나빠지니까요."

"그렇죠. 그런 사회적 이슈에는 광고가 제일 먼저 반응합니다. 그래서 저는 광고를 보고 있노라면 요새 어떤 사람이 대중에게 인기가 있고 또 대중의 문화 추세가 어떤지 한눈에 알 수 있습니다. 광고는 대중문화의 거울이라고 생각해요."

"그럼 마지막 플라시보 효과는 어떤 거죠?"

**"아, 그건 가짜 약 효과라는 것입니다. 플라시보Placebo**는 치료에 전혀 도움이 되지 않는 성분을 가진 가짜 약입니다. 그러나 사람들은 플라시보를 투약해도 의사가 진짜 약이라고 하면 마치 효과가 있는 것처럼 느끼는 것이죠.

 그만큼 사람들의 믿음이나 기대라는 게 우리의 정서적 안정에 기여한다는 것이죠. 병으로 인한 스트레스를 정신적으로 해결해 주니 약효가 있다고 믿는 것입니다. 실제로 약효는 어디서 나왔을까요? 그건 바로 우리 몸 자체에 있는 면역 체계가 스스로 해낸 것이죠. 하지만 사람들은 약을 먹고 나았다고 믿기 마련이죠."

 "하하, 그럼 어떤 약이 효험이 있는지 없는지 모르는 상태에서 효험이 있다고 믿으면 진짜로 효과를 느끼게 되는 거군요."

 "실제 실험에서도 그렇게 나왔다고 합니다. 약의 효과라는 것은 실제 약의 성능이 반이라면 약에 대한 기대 또한 반인 것 같습니다. 거꾸로 말하면 우리가 병으로 아픈 것은 실제 통증에 의한 것도 있지만 스트레스에 의한 것도 있다는 것이죠. 물이 주성분인 피로회복제를 마시고 그 덕분에 왠지 머리가 개운해지고 기분이 상쾌해진다고 느끼는 것과 같죠. 실제로는 우리 몸이 피로 물질을 해독하려고 간과 피에서 그 많은 노력을 했는데도 말이죠."

 "박사님의 이야기를 들어 보니 이런 일반적인 사람의 심리들은 마케팅에서도 많이 이용될 수 있겠어요. 플라시보 효과만 해도 사람들이 은연중에 걱정하는 것들을 해소하는 방향의 긍정적인 이미지만 심어 주어도 실제로 그것 때문에 좋아졌다고 생각할 수 있을 테고요.

어쨌든 이 여섯 가지 개념을 좀 쉽게 외우고 싶은데, 제가 쓰는 기억법으로 한번 정리해 볼게요. Primary, Context, Recent, Negative, Halo, Placebo의 첫 글자만 따면 PCR NHP가 되죠. 이걸 순서만 슬쩍 바꾸는 거예요. PRC PHN으로요. 그럼 PRC는 PRINCE가 연상되구요, PHN은 PHONE이 떠오르죠. 이렇게 하면 '왕자의 전화'로 외울 수 있어요."

"재미있는 기억 방법이군요. 유진이 뭔가 외울 때 쓰는 요령인 모양입니다. 정해진 아이템들을 모두 기억하고 싶다면 그런 접근 방법도 좋을 것 같군요. 실제 풀어서 사용하는 데는 시간이 좀 걸리겠지만 준비할 시간이 많다면 충분히 기억해 내고 적용해 볼 수 있겠어요. 프린스 폰이라, 심리 왕자가 전화를 했다라고 생각하면 어떨까요. 하나의 재미있는 스토리가 되네요."

"심리 왕자가 전화를 한 스토리가 됐네요. 여섯 가지 심리 효과 PRC PHN! 꼭 기억할게요."

"좋아요. 항상 기억해 두고 쓰려면 스토리로 만들어 외우는 것도 좋습니다. 어쨌거나 사람의 심리를 이용하려면 사람의 심리를 잘 파악해야 합니다. 사람들은 대화를 나누는 동안 무의식 중에 다양한 심리적 반응을 하게 됩니다. 만약 우리의 설득이 효과가 있다면 그에 따른 어떤 예정된 행동을 하게 되겠죠. 그리고 그 설득의 중요한 도구가 바로 스토리입니다. 우리가 좋은 스토리를 만들어서 잘 이야기할 수 있다면 그것을 '스토리텔링'이라고 하죠. 스토리는 상대의 마음을 움직임으로써 바로 우리가 기대한 행동을 하게 만들 수 있습니다. 이게 바로 마케팅에서 스토리가 보여 주는 마법입니다. 모두 이런 심리 효과의 원리에 기반을 둔 것이죠."

"정말 심리학을 잘 아는 사람을 만난다면 정신도 차리기 전에 이야기 듣다가 그냥 넘어가겠어요. 그런데 박사님!"

"네, 할 말이 있나요?"

"제가 오늘 2시부터 회의가 있어서 회사에 가봐야 해서요. 오늘은 여기까지 했으면 합니다. 죄송해요. 그리고 부탁드리고 싶은 게 있습니다. 박사님만 괜찮으시다면 '스토리의 마법'을 저희 회사 동료들과 같이 공유하면 어떨까 합니다. 저처럼 마케팅을 제대로 배우고자 하는 친구들이 많아서요."

"유진의 동료들이라면 기꺼이 그러죠. 원래 이런 식의 강의는 잘 안 합니다. 컨설팅 자체가 우리 업무이기 때문이죠. 정식으로 제 강의를 들으려면 좀 비싸답니다."

스미스 박사가 유진을 향해 눈을 찡긋해 보이며 미소를 지었다.

"네, 그러니까 강의라고 생각하지 마시고 편안하게 박사님의 이야기를 들려주시면 좋을 것 같아요. 따로 준비하시지는 마시구요."

"좋습니다. 스케줄을 한번 봅시다. 내일은 비즈니스가 있어서 곤란하구요, 모레 오후 정도면 괜찮을 것 같습니다."

스미스 박사가 다이어리를 이리저리 훑어보며 대답했다.

"고맙습니다, 박사님. 모레 오후 2시에 이 호텔로 모시러 오겠습니다. 오늘 정말 감사했습니다!"

유진은 인사를 하고 서둘러 호텔 로비를 나섰다. 조금 늦게 도착하는 바람에 시간이 부족해서 아쉬움이 많이 남긴 했지만, 유진은 스미스 박사의 이야기를 통해 무언가 희망을 보았다.

'이야기, 고객의 마음을 움직이는 이야기. 사람의 심리적 현상을 절묘하게 반영하는 이야기.'

유진은 졸타 할아버지와 친구들과 함께 나눈 마케팅에 대한 토론 내용을 떠올렸다.

'그래, 결국 '어떻게 하면 사람의 마음을 효과적으로 움직일 것인가'를 생각해 내야 한다'고 했잖아. 만약 스토리라면? 사람의 마음을 움직일 수 있는 강력한 스토리라면? 그렇다면 마케

팅을 위한 매우 강력한 도구가 될 수 있겠지? 정말 스토리에는 마법 같은 힘이 있는 걸까?'

유진은 오후가 되어 급히 건우와 서연을 불러냈다. 그리고는 스미스 박사에게서 들은 스토리의 마법에 대해 들려주었다. 건우와 서연도 큰 관심을 보였다.

"유진아, 우리도 같이 그분을 만나볼 수 있을까?"

"당연하지. 이쪽으로 오시겠대. 내일 중요한 비즈니스 미팅을 처리하고 나면 시간이 좀 있을 거라고 해서 모레 우리 회사로 오시라고 초대했어. 회사 구경도 좀 시켜 드리려고."

"오! 유진. 정말 잘했어. 그런데 영어 발표면 좀 부담스러운데."

"아, 괜찮아. 그분 한국어 잘하셔. 코리아타운 쪽에서 한국인들 상대로도 사업을 많이 하시거든."

"다행이다. 마케팅 관련 컨설팅하시는 분이라니 기대되는걸. 이번 자리에 허 팀장님도 모셔 보면 어떨까. 유진이 이렇게 노력하고 있다는 걸 보여 줄 수도 있고."

"그러게, 팀장님도 그런 분 만나는 거 좋아하시지 않을까?"

"아마 좋아하실 거야. 우리에게만 까다롭지 외부 손님들 오시면 정말 친절하게 잘 대해 주시더라구. 어쨌든 이걸로 우리가 점수 좀 땄으면 좋겠다. 물론 스토리의 마법에 대해서도 충분히 이해할 수 있으면 좋겠구."

"우리 졸타 할아버지도 초대하는 건 어때?"

"좋은 생각이야, 유진아. 할아버지께는 네가 전화 드리고, 난 지금 당장 세미나실 예약부터 해야겠어."

세 사람은 스토리의 마법 전문가를 볼 수 있다는 기대감에 몹시 설렜다. 건우는 세미나실 예약을 위해 먼저 달려 나갔다.

**Yujin's Memo**

스토리의 마법 ❶
# 스토리와 사람의 심리

- **사람들이 쇼핑을 하는 이유** 이성보다는 감성. 왜 그것을 필요로 했는지 본인도 논리적으로 설명하기 어렵다. 다만 그걸 사고 즐김으로써 그런 것들을 느끼는 다른 사람들과 어울리고 문화를 공유하고 싶어 하는 욕구가 생기는 것

- **감성 사회에서는 물건 자체의 원래 기능보다도 그 물건의 이미지가 중요하다** 마케팅 포인트의 핵심

- **심리 왕자의 전화** PRINCE PHONE ⋯▶ PRC PHN Effect
  P, Primary(초두 효과) : 처음 인상을 쭉 이어간다
  R, Recent(최신 효과) : 마지막 느낌이 기억에 잘 남는다
  C, Context(맥락 효과) : 먼저 정보들이 그 다음 정보에 대한 맥락이 된다
  P, Placebo(가짜 약 효과) : 가짜 약을 투약해도 의사가 진짜 약이라고 하면 마치 효과가 있는 것처럼 느끼는 것. 스트레스 해소가 중요!
  H, Halo(후광 효과) : 어떤 뚜렷한 특징이 그 사람의 모든 것을 좌우한다
  N, Negative(부정 효과) : 부정적인 정보가 긍정적인 정보보다 더 기억에 남는다.

STORY... 스토리의 마법 2
# 마음을 사로잡는 결정적 순간

● ●
우리들은 이기적이고 수동적이고 서로 경계하며
그리고 게으르다

"여기로 비행기가 들어옵니까?"

택시가 여의도로 진입하는 갈림길로 들어서자 창밖을 내다보던 스미스 박사가 흥미롭다는 듯 유진에게 물었다. 옆에 있던 유진이 박사의 갑작스런 질문에 당황했다.

"비행기요? 그쪽은 강변 공원이에요. 잔디밭에서 아이들이 뛰어놀거나 한가롭게 자전거도 타고 유람선도 타는 곳이죠."

"그런가요? 그런데 왜 잔디 위에 활주로 표지판들이 있을까요? 여기에도 뭔가 스토리가 있을 것 같군요."

유진은 스미스 박사가 뭔가 잘못 보았다고 생각했다. 그쪽엔 한강 둔치에 펼쳐진 넓은 잔디 공원만이 있을 뿐이었다. 이

옥고 택시는 S상사 본관 앞에 섰다. 스미스 박사는 천천히 자동차의 문을 열었다. 유진이 서둘러 나와 스미스 박사의 가방을 받으려 했다.

"아니요, 괜찮습니다. 그렇게 무겁지 않습니다."

스미스 박사는 직접 가방을 들고 천천히 차에서 내렸다.

"박사님, 이쪽으로 오세요."

유진이 스미스 박사를 중앙 로비로 안내했다. 유진은 초조한 듯 수시로 시계를 들여다보았다.

"누구 또 올 사람이 있습니까?"

스미스 박사의 물음에 유진이 난처한 표정을 지었다.

"네, 저희 마케팅 스터디를 도와주시는 할아버지 한 분이 계세요. 좋은 기회여서 초대했는데 안 오시네요."

더 이상 지체할 수가 없었다. 유진은 1층에서 스미스 박사의 방문객 확인을 마친 후 급히 직원용 엘리베이터로 탑승했다.

유진이 손가락을 지문 인식기에 댔다. '신원이 확인됐습니다'라는 메시지가 나오자 유진이 들어갈 수 있는 층에 해당하는 버튼들에 불이 들어왔다. 유진은 세미나실이 있는 35층 버튼을 눌렀다.

"엘리베이터가 불친절하군요. 차라리 삑 하고 간단한 소리만 들려주던지, 기왕에 목소리를 담을 바에는 '반갑습니다' 또는

'감사합니다' 하고 기분 좋은 말들을 해주면 더 좋을 것 같은데 말입니다."

스미스 박사가 엘리베이터에서 나는 소리에 대해 한마디 했다. 유진은 몇 주간 회사에 다니면서도 한 번도 그런 생각을 해본 적이 없었다.

"그렇군요. 저는 그동안 이 엘리베이터가 불친절하다는 생각은 못해 봤어요. 제 주변에도 불평하는 사람은 없었구요."

"이건 기계를 너무 기계처럼 만든 겁니다. 사람의 감성을 이해하지 못한 거죠. 이렇게 기계적인 목소리 자체를 싫어하는 사람들도 있습니다. 확실히 시끄럽긴 하죠. 호주에서는 사람 목소리가 나오는 엘리베이터가 흔하지 않습니다. 제가 보기에는 그저 최소한 제대로 작동한다는 소리 정도를 내어 준다면 그것만으로도 충분할 겁니다. 이건 일종의 기계와의 대화입니다. 내가 손가락을 대니 기계가 확인 잘했다고 대답을 하는 거죠. 이 대화를 통해서 신분증이나 지문을 접촉하는 사람에게 안도감을 주는 것입니다. '아! 제대로 인식했구나. 다행이다!' 하는 편안함이죠.

그러나 목소리를 담고자 했다면 비록 기계음이더라도 좀더 인간미가 느껴지는 목소리여야 한다는 겁니다. 엘리베이터를 타고 올라가는 건 일을 하러 가는 것 아니겠습니까? 비즈니스를 하러 가는 거죠. 대부분 긴장되어 있는 상태입니다. 그러니 좀더 즐거운 마음으로 일할 수 있도록 하는 격려의 목소리여야 한다는 것이죠."

띵! 소리와 함께 엘리베이터 문이 열렸다. 스미스 박사가 또 한마디 했다.

"두 번째 안타까운 점이군요. 기왕에 목소리를 내는 기계라면 35층이라고 알려주면 더 좋을 텐데요. 목이 빠지는 줄 알았습니다. 엘리베이터 안에서 전화기를 보든지 다른 생각을 하다 보면 원하는 층에서 못 내릴 수도 있지 않습니까? 그러니 음성으로 안내를 해주면 계속 바뀌는 층수만 뚫어져라 보고 있을 필요가 없을 텐데요. 엘리베이터에서 1분간 눈을 감고 명상에 잠길 소중한 시간이 될 텐데 말입니다. 그러니 이 엘리베이터는 음성 안내를 해야 할 곳과 하지 말아야 할 곳이 바뀐 것 같습니다. 참으로 엉뚱한 이야기만 하는 사람 같다고나 할까요."

유진은 꽤나 흥미로웠다.

'뭐지, 이 사람은? 마치 기계를 사람처럼 대하네?'

스미스 박사의 주변에 있는 모든 것이 다 이야기로 풀어지는 것 같았다. 강변 공원의 이야기를 듣고 엘리베이터와도 대화를 하고 또 잘못한 점을 지적하고 있었다. 이런 식이라면 문고리와도 이야기를 할 수 있을지 모른다고 유진은 생각했다. '오늘 네가 좀더 차갑게 느껴진다.' 쓰레기통과도 이야기를 할 것이다. '많이 먹어서 배부르지?' 유진은 재미있는 상상을 떠올렸다.

"박사님의 사물을 보는 시각이 참 남다른 것 같아요. 좋은 점을 배웠습니다. 이쪽으로 오시죠."

유진은 스미스 박사를 세미나실로 안내했다.

"오늘 토론회에는 제가 노트북을 준비했으니 이걸 프로젝터에 연결해 주시기 바랍니다."

"아, 박사님! 오늘 저희 동료들을 박사님 강연회에 초대했습니다만 전에 말씀 드린 대로 그냥 부담 없이 박사님의 이야기를 들려주시면 그것만으로 충분합니다."

"강연보다는 토론회가 좋겠습니다. '스미스 박사와의 대화' 면 더 좋겠지만요. 강연회 하면 일방적인 느낌이잖아요. 나는 오늘 유진의 동료분들하고 많은 이야기를 하고 싶습니다. 많은 것을 듣고 또 배우고 싶습니다. 오히려 제가 돈을 지불해야겠군요!"

스미스 박사가 웃으며 노트북의 선을 연결했다. 전원이 켜지고 몇 번 클릭을 하자 화면에 오늘의 주제를 나타내는 '스토리의 마법'이라는 제목이 펼쳐졌다.

 사람들이 하나둘씩 세미나실로 들어왔다. 기대했던 대로 허 팀장이 반가운 얼굴로 들어와 스미스 박사와 인사를 하고는 제일 앞자리에 앉았다. 건우와 서연 역시 세미나실로 들어왔다.
 "자, 시간이 되었으니 오늘의 토론 주제에 대해서 이야기를 나누도록 하겠습니다. 'The Magic of Story' 제목이 좀 거창하죠? '스토리의 마법'입니다. 저는 제이슨 리 스미스라고 합니다. 호주에서 왔습니다. 제 어머니는 한국 사람이고 할머니는 일본 사람입니다. 사는 곳은 방금 말씀 드렸듯이 호주구요. 그러다 보니 저는 한국말, 일본말, 호주말…… 다…… 잘하지 못합니다."
 스미스 박사의 너스레에 사람들이 한바탕 웃음을 터뜨렸다. 스미스 박사가 미소를 지으며 사람들을 쭉 둘러보았다.

"그러니 서툰 한국말을 이해해 주시기 바랍니다.

여러분 대부분이 어렸을 적 동화책을 읽으면서 왕자와 공주가 나오고 용이 나오는 환상의 세계에 빠져 보신 경험이 있을 겁니다. 왕자가 불을 내뿜는 용을 향해 커다란 칼을 휘두르며 천사의 도움으로 용을 쓰러뜨리고 공주를 구하는 그런 모습 말입니다.

Oh my god!

그런데 세상에 용이 어디 있습니까? 아이들에게 헛된 상상이나 심어 주는 참 나쁜 책입니다. 지금 생각해 보면 참 한심한 이야기이죠. 안 그런가요? 유진 씨, 어떻습니까?"

느닷없이 질문을 받은 유진이 당황했다.

"아, 그래도 그 시절에는 재미있게 봤었어요. 집에 동화책이 정말 많았는데, 참 행복했거든요. 물론 지금은 그런 책을 사서 보지는 않지만요."

"아하, 한심하다고 생각하지는 않는다. 그 당시에는 좋았다. 그러니까 나쁜 책은 아니라고 생각한다는 거군요. 여러분도 동의하십니까?"

스미스 박사의 단어 선택이 좀 불편하다는 생각이 들긴 했지만 많은 사람들이 고개를 끄덕였다.

"제가 좀 심하게 이야기해 봤습니다. 솔직히 우리 어른들이 그런 책을 보면 그러지 않습니까? 한심하다, 시간낭비다. 하지만 어린 아이들에게 우린 그런 책들을 읽을 것을 권합니다. 실제로 동화책의 위력은 대단합니다. 아이들은 그런 허황된 이야기 속에서 그들의 꿈과 희망을 무럭무럭 키웁니다. 여러분은 용을 타고 하늘을 날 수 없다고 단정합니다. 하지만 아이들은 언젠가 자신이 용을 타고 하늘을 날 수 있다고 진심으로 생각합니다. 믿으니까 상상할 수 있는 것입니다. 하늘을 날면 얼마나 기분이 좋을지 그 멋진 모습이 머릿속에 펼쳐지면서 행복해 하는 것입니다. 저는 이것이 바로 우리 아이들에게 작용하는 '스토리의 마법'이라고 생각합니다.

스토리는 그것이 내가 받아들이는 스토리리딩(Story Reading)이 되었든 누군가 이야기를 전해 주는 스토리텔링(Story Telling)이 되었든 어떤 형태로든지 그 이야기를 접하는 사람에게 엄청난 영향을 줄 수 있습니다. 그 사람의 인생을 바꿔 놓을 수도 있는 것입니다.

우리가 들려준 어떤 이야기가 아이를 의사로 만들어 놓을 수도 있습니다. 또 어떤 이야기 때문에 아이는 무서워하고 공포에 떨며 평생 트라우마를 갖게 될 수도 있습니다. 바로 이야기 때문이죠.

여러분은 어떻습니까? 어떤 이야기를 들으면 주인공이 불쌍해서 눈물이 나기도 하고 주인공의 행복이 나의 행복처럼 느껴지기도 하며, 또 어떤 이야기를 들으면 나도 저렇게 살아야겠다는 열정을 불태우게 됩니다. 아마 과장을 좀 보태자면 오늘날 이 자리에 이렇게 앉아계신 여러분, 누구나 들어오고 싶어 하는 바로 한국의 대표기업 S상사의 직원 여러분이야말로 성공하신 분들이죠. 아마도 여러분이 어렸을 적 읽었던 그 황당한 스토리들이 바로 여러분으로 하여금 수많은 시험을 이겨내도록 했으며, 여러분에게 지금의 성공을 가져다 주었다고 확신합니다."

스미스 박사의 힘찬 목소리에 사람들이 일제히 박수를 쳤다. 모두들 우쭐해 하는 표정이었다. 그리고 몇몇 사람은 S상사에 입사하기까지의 그 고생스런 날들을 떠올리며 벅찬 표정을 지었다. 사람들은 점점 스미스 박사의 이야기에 진지하게 빠져 들고 있었다.

유진도 어린 시절을 떠올렸다. 동화책 속에 파묻혀 지내던 날들, 장난감 인형들과 함께 예쁜 집에서 사는 꿈, 파란 프로펠러 비행기를 타고 하늘을 나는 꿈, 호박 마차를 타고 왕자가 초대한 파티에 가는 공주의 꿈을 꾸었던 날들.

"많은 분들이 꿈 많던 어린 시절을 떠올리시는 것 같습니다. 자, 이제 현재로 다시 돌아와 봅시다. 어린 시절의 우리 마음을 움직였던 환상적인 스토리들은, 우리가 점차 나이가 들고 어디까지 가능하고 어디까지 불가능한 일인지를 이성적으로 판단하게 되면서 그 힘을 잃게 됩니다. 점점 힘없는 마법사가 되어 버리는 거죠. 지금의 여러분에게는 이제 감동을 주는 동화책은 남아 있지 않습니다."

그때 누군가가 외쳤다.

"해리포터요!"

여기저기 웃음이 터져 나왔다. 사람들은 스미스 박사의 반응을 살폈다.

"오, 저런. 예외가 있었군요. 그렇습니다. 해리포터는 정말 대단한 책입니다. 어린 아이들뿐 아니라 어른들도 다시 마법사가 나오고 용이 나오는 이야기 속에 빠져들어 감동을 받고 있으니까요. 우리 마음속에 잠재되어 있던 꿈의 세계를 다시 흔들어 깨운 책이라고 할 수 있죠. 정말 이 책은……."

스미스 박사가 잠시 말을 멈췄다.

"돈을 참 많이 벌어다 주었을 겁니다, 작가에게 말이죠."

세미나실에 또다시 큰 웃음이 터졌다. 스미스 박사는 미소를 지은 채 사람들이 진정되기를 기다렸다가 다시 말을 이었다.

"자, 돈을 많이 벌어 준 해리포터는 잠시 잊읍시다. 사실 이런 경우는 흔치 않습니다. 나중에 마케팅에 대해 이야기할 때 다시 하도록 합시다. 어떻게 그렇게 돈을 많이 벌었는지요."

사람들이 연거푸 웃음을 터뜨렸다. 스미스 박사의 이야기는 계속됐다.

"여러분은 이제 더 이상 환상적인 왕자와 공주 이야기는 찾지 않습니다. 그 이유는 여러분은 이미 현실과 공상의 세계를 구분할 수 있는 충분한 이성을 갖게 되었기 때문입니다. 대신 이제는 우리의 현실을 이야기하고 우리의 현실을 즐겁게 하고 또 앞으로의 미래를 보여 주는 다양한 상상력의 세계로 빠져듭니다. 가장 시청률이 높은 TV 드라마나 최고 흥행작인 영화들을 보면 그런 변화를 알 수 있습니다. 그런 것들이야말로 작가가 이야기하는 스토리를 가장 현실감 있게 보여 주는 매체이지요. 여러분께 하나 물어 보겠습니다. 최근에 본 영화 하나를 떠올려 보시구요, 또 최근에 즐겨보는 드라마를 하나 떠올려 보시죠. 자, 여기 앞에 계신 분, 한번 말씀해 보시겠습니까?"

스미스 박사가 서연을 지목했다. 서연이 잠시 생각을 정리한 뒤 대답했다.

"박사님, 제가 최근에 본 영화는 없구요. 드라마로는 좀 오래되긴 했지만 현빈 씨가 나온 〈시크릿 가든〉을 재미있게 봤어요. 주인공이 정말 멋있었죠."

스미스 박사가 서연에게 다시 한 번 물었다.

"왜 영화를 자주 못 보십니까?"

"사실 시간이 잘 나질 않아요. 바쁘기도 했고. 그리고 무엇보다도 영화보다는 TV 드라마가 더 재미있는 것 같아요. 대사도 많이 공감되구요."

서연의 말이 끝나자 스미스 박사가 다시 사람들을 향해 몸을 돌려 세웠다.

"아마 많은 분들이 공감하는 내용일 것입니다. 다수의 사람들이 드라마보다 못한 영화가 많다고들 말합니다. 또 히트한 드라마를 영화로 만들었을 경우 드라마에서처럼 감동을 주지 못하기도 합니다. 이는 영화의 문제라기보다는 그만큼 영화를 잘 만들기가 어렵기 때문입니다. 제한된 두 시간 동안 사람들을 공감시키고 감동을 주기란 쉬운 일이 아니죠.

그러나 드라마는 어떻습니까? 주인공들의 일상에서의 생활과 주변 친구들과의 갈등이 마치 같이 생활하고 있는 것처럼 펼쳐지지 않습니까? 밖이 크리스마스면 드라마에서도 크리스마스고, 밖에 꽃이 피면 드라마에서도 꽃이 핍니다. 그만큼 내용이 현실적이고 또 심리의 변화가 자세히 묘사되기 때문에 영화만큼 내용을 고민하거나 축약하지 않습니다. 또 감독의 의도를 파악하려고 노력하지 않아도 시청자들이 쉽게 주인공의 감정에 이입할 수 있기 때문입니다."

유진도 공감하는 듯 고개를 끄덕였다. 생각해 보니 드라마를 보면 정말 옆에서 일어나는 일처럼 생생하다는 느낌을 받는 것 같았다. 그리고 무엇보다도 자주 보다 보니 주인공들이 더욱 친숙하게 느껴지고 감정 이입도 잘됐다. 주인공이 극 중에서 부당한 대우라도 받을라치면 덩달아 화가 나고, 주인공이 성공하면 내 기쁨처럼 느껴지는 것이다.

"여러분은 사회생활을 하면서 정말 현실적이 되었습니다. 이제는 동화 같은 꿈의 세계에서 감동을 느끼기보다는, 드라마처럼 자주 볼 수 있고 또 우리네 일상생활을 그려 주는 스토리에서 감동을 받습니다. 이처럼 비록 동화 속 왕자와 용이 아니더라도 스토리는 아직도 여러분을 변화시킬 수 있는 마법을 갖고 있습니다. 여기에 바로 오늘의 핵심이 있습니다."

스미스 박사가 들고 있던 작은 포인터의 버튼을 누르자 곧 다음 페이지가 펼쳐졌다.

**스토리 마법의 효과**

"제가 스토리 마법의 효과에 대해 몇 가지 정리해 봤습니다. 스토리는 상대를 **설득**하며 **동기**를 부여하고 **협력**을 이끌어 냅니다. 그리고 스토리는 분위기를 **활기** 있게 만들고 사람들을 깨닫게 하고 **반성**하게 합니다. 여러분에게 영향을 끼쳤던 스토리들을 한번 생각해 보세요."

> **스토리의 마법은…**
>
> 1. 설득 : 상대를 이해시키고 설득시킨다
> 2. 동기 : 상대가 어떤 행동을 하도록 동기를 부여한다
> 3. 협력 : 상대로부터 적극적인 협력을 이끌어낸다
> 4. 활기 : 침체되고 어색한 분위기를 살려낸다
> 5. 반성 : 잘못을 비유적으로 표현하여 반성하게 한다

 사람들은 스미스 박사의 조언대로 잠시 회상에 잠겼다. 머릿속을 지나가는 수많은 동화, 영화 그리고 드라마의 이야기들. 어렸을 적 꿈을 키웠던 이야기부터 최근 자신에게 기쁨과 영감을 불어 넣어 준 이야기들까지. 정말 스토리는 자신을 설득하고 동기를 부여했으며 협력을 이끌어 냈고 생활을 활기 있게 만들었으며 그리고 반성도 많이 하게 했다. 정말로 자신의 마음을 변화시키고 영향을 주었다는 생각이 들었다.
 "공감하십니까? 정말 대단한 마법이지 않습니까?"
 스미스 박사의 질문에 사람들이 고개를 끄덕였다. 그런데 바로 이어진 스미스 박사의 말에 좌중에 일순 긴장감이 맴돌았다.
 "만약, 만약에 말이죠."
 스미스 박사는 말을 천천히 그리고 진지하게 이어 나갔다.
 "이런 힘을 비즈니스에 사용할 수 있다면, 그것도 자유자재

로 쓸 수 있다면 어떨 것 같습니까?"

사람들이 숨을 죽인 채 스미스 박사만을 바라보았다. 막상 스미스 박사가 그런 마법을 비즈니스에 쓴다고 하니 갑자기 충격을 받은 것처럼 머릿속이 하얘지는 것이었다. 유진도 마찬가지였다.

'정말로 내게 많은 영향을 준 스토리들, 그런 스토리들이 비즈니스로 활용될 수 있을까?'

스미스 박사가 다시 한 번 사람들의 표정을 살피며 천천히 말을 꺼냈다.

"자, 저는 비즈니스맨입니다. 경영을 하고 또 마케팅을 합니다. 오늘 저는 여러분에게 어떤 상품을 팔 것입니다. 그런데 저는 마법사입니다. 여러분은 제 말을 들을 수밖에 없습니다. 여러분은 제가 꼭 사야 한다는 말에 설득될 것이고, 사고 싶은 동기가 생길 것이고, 결국은 제게 협력해 사게 될 것입니다. 사고 나면 여러분은 사고 싶은 물건을 샀다는 기쁨에 생활이 활기차질 것이며, 만약 사정이 있어 또는 고민만 하다 안 산 사람들은 살 걸 그랬다는 생각에 후회하고 반성할 것입니다."

갑자기 뒤에서 박수 소리가 들려왔다. 다른 사람들 역시 표정이 밝아지며 박수를 치기 시작했다. 유진은 고개를 돌려 제일 앞쪽에 앉아 있던 허 팀장의 얼굴을 살폈다. 역시 박수를 치며 미소를 짓고 있었다.

"고맙습니다. 오늘 제 장사도 성공적이군요."

사람들이 웃음을 터뜨렸다.

"자, 이렇게 분위기만 띄워 놓고 가버리면 여러분은 잠시 후 정신을 차리고 나서 속았다는 생각이 들 것입니다. 그러면서 저를 사기꾼이라고 하시겠죠. 사람의 마음을 움직이는 스토리는 그만큼 사람들에게 기대를 주고 희망을 주기 때문에 뒤에 이어지는 대응을 제대로 하지 못하면 오히려 더 큰 비난을 받을 수 있습니다. 이용당했다는 생각이 들게 해서는 안 됩니다. 그러니 마법 같은 큰 힘을 사용하려면 반드시 적절한 마무리도 필수입니다.

여러분은 스토리의 마법을 통해 소비자들에게 꿈과 희망을 심어 주었습니다. 소비자도 좋아합니다. 자, 그 다음은? 바로 그 꿈과 희망을 얻기 위해 어떻게 해야 하는지도 알려 주셔야 합니다. 이것이 바로 스토리의 마법을 올바로 사용하는 방법입니다. 저는 이것을 '스토리 마법 실행의 3단계'라고 부릅니다."

**스토리 마법 실행의 3단계**

스미스 박사의 손짓에 따라 화면이 다음으로 넘어갔다.

| 스토리 마법의 3단계 | | |
|---|---|---|
| Step 1. | Position myself | 나를 포지셔닝하라 |
| Step 2. | Tell a Magical Story | 마법의 스토리를 얘기하라 |
| Step 3. | Show what to do | 해야 할 일을 제시하라 |

"스토리 마법을 실행하려면 다음과 같은 순서로 해야 합니다. 우선 상대에게 먼저 여러분에 대해 알려야 합니다. 그 이유는 상대에게 들을 준비를 시키는 것입니다. 어떤 훌륭한 마법사라도 상대가 집중하지 않으면 마법을 쓸 수가 없습니다. 여러분이 어떤 사람인지 상대의 마음속에 적절히 포지셔닝을 합니다. 세상 어디에도 없는 한없이 착한 사람인지, 인생의 풍랑을 겪은 사람인지 말이죠. 그냥 반갑게 인사만 해도 사람들이 열광하는 유명한 사람이라면 굳이 긴 말이 필요 없겠죠. 상대가 이미 당신에 대해 잘 알고 있으니까요. 하지만 그렇지 않다면요? 그럼 노력하셔야 합니다. 첫인상이 매우 중요하니까요. 설마 포지셔닝의 개념을 모르시지는 않죠?"

"넵!"

유진이 큰소리로 자신 있게 대답했다. 사람들이 옅게 미소를 지었다.

"네, 신입사원인 유진 씨가 안다면 다 알고 있는 거겠군요."

스미스 박사의 말에 사람들이 웃음을 터뜨렸다.

"자, 이렇게 상대가 들을 준비가 되면 이제 여러분의 마법을 펼칠 때입니다. 상대방의 마음을 움직일 비장의 이야기들을 들려줍니다. 상대방이 차츰 공감하며 당신에게 점점 다가옵니다. 이제 막 마음의 문을 열었습니다. 이제 상대방은 당신이 어떤 말을 해도 믿을 수 있습니다. 바로 이때가 우리에게는 하나의 MOT가 되는 것입니다. 자, MOT가 무엇입니까?"

"진실의 순간이요!"

뒤쪽에 있는 한 직원이 대답했다. 유진은 사실 잘 모르는 개념이라 스미스 박사를 보며 고개를 좌우로 설레설레 흔들었다. 스미스 박사가 유진을 보고는 싱긋 웃었다.

"아! 저기 한 분만 아시고 나머지 분들은 잘 모르시는 모양입니다."

또다시 한바탕 웃음이 터졌다.

"MOT는 'Moment of Truth'의 약자입니다. 한국말로 하면 진실의 순간이라고 번역할 수 있겠군요. 스웨덴의 마케팅 이론가인 리처드 노먼Richard Norman 교수가 처음 사용한 말입니다. 어떤 일에 있어서 가장 중요한 결정적인 순간이라는 뜻이죠. 혹시 아까 대답하신 분, 어디 계시죠? 이 말이 처음 어디서 유래된 것인지도 아십니까?"

"잘 모르겠는데요."

대답했던 직원이 쑥스러운 듯 말을 흐렸다.

"아, 저분이 모르시면 이제 아무도 아는 분이 없겠군요."

사람들이 전보다 더 크게 웃음을 터뜨렸다.

"이 말은 스페인의 투우에서 유래된 말입니다. 'Moment De La Verdad.' 마지막에 칼로 황소의 숨통을 찌르는 순간이죠. 이렇게 여유 있게 돌아서 칼로 '휙!"

스미스 박사가 들고 있던 포인터로 마치 투우를 해본 사람인 양 가상의 황소를 찌르는 모습을 멋지게 연출하자 사람들이 환호했다. 그러자 스미스 박사가 투우사처럼 인사를 했다. 사람들이 박수를 치며 즐거워했다.

"사실은 제가 스페인에서 투우를 좀 했습니다. 실제로 보신 적 있습니까? 정말 커다랗고 시꺼먼 소입니다. 무시무시하죠. 강아지가 아니에요. 그 산더미 같은 몸집을 한 녀석이 제 앞으로 다가와 뜨거운 콧김을 내 얼굴에 불어대면 정말 그때의 심정은……"

갑작스런 스미스 박사의 이야기에 다들 긴장하며 귀를 기울였다.

"어디 말로 다할 수 있겠습니까? 지체할 시간이 없습니다. 방심은 곧 죽음이죠. 날렵하게 뛰어 올라 황소의 뿔을 휘감아

잡습니다. 그러면 녀석이 당황해서 고개를 이리저리 막 흔들어 댑니다. 이때 방심해서는 안 됩니다. 어떻게든 필사적으로 버텨야 합니다. 아뿔싸! 무슨 일이 일어난 건가요. 어느 샌가 제가 하늘을 향해 날아오릅니다. 슬로우 비디오처럼 사람들의 안타까워하는 표정이 눈앞을 스쳐가고 곳곳에서 들리는 비명소리가 귓속을 파고듭니다. 얼마나 날았을까요. 쿵 하고 어깨부터 떨어집니다."

사람들의 표정이 점점 심각해졌다. 마치 눈앞에서 큰 사고가 벌어지기라도 한 것처럼.

"놀라셨나요? 제가 만들어 낸 이야기였습니다. 어차피 지어내는 건데 무슨 이야기인들 못하겠습니까. 다들 걱정해 주셔서 감사합니다. 그런데 제가 그렇게 날아서 정신을 차려 보니 달에 올라와 있더라고 했다면 아마 더 허탈하셨겠죠?"

스미스 박사의 말에 사람들이 이내 긴장을 풀며 허무하다는 표정을 지었다.

"솔직히 말씀드리죠. 투우 한 적 없습니다. 하지만 잠시나마 제 이야기에 빠지셨다면 그만큼 묘사가 사실적이었다는 거겠죠. 실제로 스페인에 가서 구경은 많이 했습니다."

사람들이 "에이!" 하며 웃었다.

"이것도 못 믿으시면 안 됩니다. 여기 여권도 있습니다."

스미스 박사가 안주머니에서 여권을 꺼내 펼쳐 보이자 사람들이 웃음을 터뜨렸다. 장내 분위기가 다시 밝아졌다.

"MOT는 진실의 순간 또는 결정적 순간이라고 이야기합니다. 마케팅에서는 고객과 마주치는 아주 짧은 순간을 주로 지칭하죠. 투우사가 바로 눈앞에서 황소와 맞서는 아주 중요한 순간입니다. 내가 이기거나 내가 날아가거나의 순간입니다. 매장에서 말이죠."

사람들이 연달아 웃음을 터뜨렸다.

"편의점에서 점원이 고객의 물건을 계산해 주는 바로 그 짧은 순간, 백화점에서 물건을 산 고객이 상품 반품에 대해 문의하기 위해 전화 통화를 하는 그 짧은 순간, 홈쇼핑에서 시청자가 잠시 채널을 돌려 쇼핑 호스트의 멘트를 듣는 그 짧은 순간들이 다 MOT가 되는 겁니다. 비록 수초에서 수분 정도의 짧은 순간이지만 결국 그때의 인상이 그 회사, 그 상품에 대한 모든 것을 좌우하게 됩니다. 고객의 입장에서는 그 시간이 그 상품과 만난 전부의 시간, 즉 100퍼센트의 시간이니까요!"

사람들이 고개를 끄덕였다. 비록 짧은 순간이지만 고객에게는 결국 그 상품과의 만남과 헤어짐을 결정하는 100퍼센트의 시간이었다. 그야말로 진실의 순간인 것이다. 고객이 채널을 돌린 뒤 다음 채널로 넘어가기 전의 그 짧은 시간 동안 그 방송

또는 해당 상품에 대한 모든 인상을 받기 때문이다.

"자, 여러분은 고객의 마음을 열기 위해 열심히 이야기를 했습니다. 이제 고객이 여러분을 바라봅니다. 바로 그 순간이 제일 중요한 결정적 순간, 즉 MOT인 것입니다."

정말 세일즈의 입장에서는 결정적인 순간이요 다시는 오지 않을 중요한 기회일 터였다.

"이렇게 고객이 마음을 열고 기다리는 순간에 바로 여러분은 고객에게 어떻게 해야 하는지를 알려 주셔야 합니다. 이제 세 번째 단계입니다. 상대방에게 당신이 무엇을 해야 하는지를 알려 주시기 바랍니다. 그리고 그렇게 함으로써 고객이 무엇을 얻을 수 있는지 또한 알려 주셔야 합니다. 자, 그럼 무엇을 하라고 알려 줄까요? 저 뒤에 계신 분."

지목을 받은 여직원이 뒤를 돌아보다가는 자기라는 것을 알고는 수줍은 듯이 말했다.

"상품을 사라고 해야겠죠. 이 상품을 사세요. 이렇게요."

"네, 좋습니다. 또 다른 분의 의견을 들어 볼까요?"

스미스 박사는 계속해서 다른 두 사람을 지목했다.

"상품을 다른 사람에게 소개시켜 주라고 하고 싶습니다. 단순히 그 상품의 구입에만 그치지 않고 좀더 많은 사람들에게 알려 달라고요."

"상품에 대해 상담을 먼저 받아 보라고 할 것 같아요. 바로 사라고 하면 너무 부담스럽게 생각할 수 있잖아요."

"모두들 좋은 의견입니다. 맞습니다. 여러분께서 말씀하신 대로 그렇게 할 수 있습니다. 다만 그 상품을 샀을 때 그걸 이용해서 고객의 생활이 어떻게 달라지는지를 이야기를 통해 상상하도록 하고 다시 한 번 상기시켜 준다면 소비자는 선택에 있어서 더 확신을 갖겠죠. 주변 분들께도 권해 달라고 하는 말 역시 그만큼 품질에 자신 있다는 표현으로 들릴 수 있습니다. 상품이 만족스럽다면 정말로 주변의 다른 사람들에게도 권할 테고 어떤 경우는 전화를 걸어 같이 주문하자고도 할 겁니다. 그리고 보험이나 자동차와 같이 다양한 옵션으로 설계를 해야 하는 상품의 경우는 당연히 상담을 받아보라고 해야겠죠. 바로 구매하기에는 너무나도 조건이 다양하니까요. 보통은 상담 신청을 받는 것으로 구매 과정을 갈음하기도 하지요. 자, 이처럼 여러분이 스토리를 들려줄 수만 있다면 여러분의 고객은 이미 여러분 앞으로 이만큼 다가올 수 있습니다.

자, 정리를 해보겠습니다.

스토리의 마법을 실행하기 위해서 여러분은 **첫째, 고객에게 여러분에 대해 포지셔닝을 해야 합니다.** 여러분의 이미지를 구축해야 하는 것이죠. 어떤 사람인지를 잘 알려 주셔야 합니다. 두 번째는 마법과도 같은 스토리를 들려주셔야 합니다. 이를 통해 고객은 점차 관심을 갖고 마음의 문을 열고 다가오게 됩니다. 자, 마지막으로 여러분은 이야기를 어떻게 즐길 수 있는지를 알려주셔야 합니다. 어떤 상품을 사야 하는지, 사서 또 어떻게 써야 하는지 스토리에서 말한 그 즐거움을 고객도 누릴 수 있도록, 그리고 다른 사람들에게 자랑하고 공유할 수 있도록 해주시기 바랍니다. 잘 정리됐죠?"

스미스 박사의 이야기를 듣고 있던 허 팀장이 고개를 끄덕이며 열심히 메모를 하고 있었다. 스미스 박사는 잠시 물을 마시며 사람들의 반응을 살피고는 다시 천천히 이야기를 꺼냈다.

**사람의 일반적인 성향**

"여러분은 어떤 성향을 갖고 계십니까? 제가 몇 가지 질문을 할 테니 해당 되는 분은 손을 들어 보십시오. 첫 번째, 나는 이기적이다, 나는 나밖에 모른다고 생각하시는 분?"

사람들은 서로 눈치만 보고 아무도 손을 들지 않았다.

"두 번째, 나는 수동적이다. 이렇게 생각하시는 분?"

역시 손을 드는 사람이 아무도 없었다.

"세 번째, 나는 처음 보는 사람을 경계하는 편이다. 사람들을 잘 믿지 못한다고 생각하시는 분?"

뒤쪽에 엉거주춤 손을 반쯤 든 한두 명에게 스미스 박사의 시선이 닿았다.

"네, 몇 분 계시는군요. 그럼 네 번째, 나는 게으르다고 생각하시는 분?"

역시 뒤쪽에서 몇 명이 손을 들까말까 하고 있었다. 스미스 박사는 다시 한 번 물병을 들어 목을 축이고는 다음 화면을 펼쳤다.

---

**사람의 일반적인 성향**

1. 사람은 이기적이다
2. 사람은 수동적이다
3. 사람은 경계한다
4. 사람은 게으르다

---

그러자 여기저기서 사람들이 쑥스럽게 웃는 소리가 들렸다.

"자, 이건 설문조사를 통해 알려진 사실입니다. 확실히 사람들은 거짓말쟁이라는 게 증명이 됐죠. 미국의 인기 드라마 중에 〈닥터 하우스〉라는 프로그램이 있습니다. 거기 나오는 하우스 박사의 유명한 말 혹시 아십니까?"

"사람은 누구나 거짓말을 한다."

건우가 큰 소리로 말했다. 스미스 박사가 웃으며 대답했다.

"네, 맞습니다. 하우스 박사가 그랬죠. 사람은 누구나 거짓말을 한다. 다른 사람들의 시선을 의식하기 때문에 자신의 몸의 증상이 어떤지 의사 앞에서도 거짓말을 하게 된다는 것입니다. 이는 인간의 본능입니다. 그럼 왜 그렇게 거짓말을 할까요? 바로 사람은 이기적이기 때문입니다. 이기적이라는 게 별건 아닙니다. 어떤 일을 하더라도 내게 돌아올 보상을 기대하는 것, 나 자신을 합리화하는 것, 결국 나를 위한다는 핑계로 나 자신과 나의 행동을 합리화하고 있다는 것입니다. 이는 바로 이기적인 본성이 있기 때문입니다. 다시 한 번 묻겠습니다. 본인이 이기적이라고 생각하시는 분?"

이번에는 많은 사람들이 손을 들었다.

"하우스 박사의 말이 역시 맞나 봅니다. 여러분은 방금 전 거짓말을 하셨군요."

다들 미소를 지으면서도 쑥스러워 하는 표정이었다. 몇 명은 고개를 끄덕였다.

"괜찮습니다. 그렇게 민망해 하지 않으셔도 됩니다. 사람이기 때문에 그런 거니까요. 저도 마찬가지구요. 그리고 두 번째 유형은 수동적인 사람입니다. 이런 사람들은 자신이 해야 할

일을 잘 모르는 경우가 많습니다. 상대가, 특히 상사가 무슨 일을 할지 다 결정해 주기를 바라는 경우가 많죠. 로버트 치알디니 박사가 『설득의 심리학』이라는 저서를 통해서도 이야기했죠. 사회적 증거의 법칙, 즉 사람들은 다른 사람이 행동하는 대로 따라하려고 한다는 것입니다. 다른 사람이 사는 물건을 보면 뭔가 좋은 게 있을까 싶어 같이 사고, 다른 사람들이 줄을 서서 먹고 있으면 맛있나 보다 하고 같이 줄을 서서 먹고, 손님이 별로 없는 식당은 맛이 없어서 그런가 보다 하고 아예 들어가지 않습니다. 그래서 바텐더는 팁 박스에 몇 달러를 미리 넣어 놓죠. 사람들이 팁을 준다는 것을 보여 주는 것입니다. TV 프로그램에서 PD는 방청객과 출연진에게 좀더 과장된 리액션을 요구합니다. 시청자가 어디서 웃어야 할지 모를 것에 대비해 여기서 웃어야 한다는 것을 알려 주는 셈입니다. 자, 본인이 수동적이라고 생각하십니까?"

"네!" 하는 대답이 여기저기서 들려왔다.

"경계심이 강한 성향도 있습니다. 자신에게 다가오는 사람이 자기로부터 무언가를 빼앗을지도 모른다는 생각에 불안해 합니다. 또 상사가 자신을 부르기라도 하면 뭔가 새로운 일을 시킬까 불안해 합니다. 그래서 방문 판매를 하는 영업사원들의 가장 큰 능력은 방문하는 집의 현관문을 넘어서는 능력입니다."

사람들이 웃으며 고개를 끄덕였다.

"자, 마지막으로 우리 대부분은 안타깝게도 게으릅니다. 스스로 무언가를 찾아보려고 하지 않습니다. 바꾸려고 하지도 않습니다. 그저 남이 열심히 찾아 놓은 것을 보고 따라 선택할 뿐입니다. 사실 그것은 일종의 전략일 수도 있죠. 힘들게 새로운 먹이가 있는 저장 창고를 찾는 작은 개미들을 지켜보고 있다가 먹이를 옮기는 모습을 보고는 그 개미들에게서 먹을 것을 강탈하는 병정개미가 되는 게 훨씬 더 쉬운 일일 테니까요. 다만 그것을 뺏을 능력이라도 된다면 말이죠."

스미스 박사는 사람들을 다시 한 번 바라보았다.

"이와 같이 우리들은 이기적이고, 수동적이고, 서로 경계하며, 게으릅니다. 이런 사람들의 성향을 여러분은 스토리의 마법을 통해 극복해 낼 수 있습니다. 스토리의 마법을 통해서 여러분은 사람들이 기대하는 것만큼 혜택을 제시하고, 선택할 수 있도록 용기를 주며, 내가 악당이 아니고 당신의 친구라는 점을 알려 경계를 풀게 하고, 그리고 남들이 열심히 찾아 놓은 먹이 창고라는 것을 알려 주어 안심하고 선택할 수 있게 합니다. 자, 그럼 이제부터 어떻게 하면 좋은 스토리를 만들 수 있는지 스토리 마법의 기본 요소들을 살펴보도록 합시다."

**Yujin's Memo**

### 스토리의 마법 ❷
# 스토리의 효과

- 스토리는 사람에게 엄청난 영향을 줄 수 있으며, 그 사람의 인생을 바꿔 놓을 수도 있다
- **스토리 마법의 효과**
  설득 : 상대를 이해시키고 설득시킨다
  동기 : 상대가 어떤 행동을 하도록 동기를 부여한다
  협력 : 상대로부터 적극적인 협력을 이끌어 낸다
  활기 : 침체되고 어색한 분위기를 살려 낸다
  반성 : 잘못을 비유적으로 표현해 반성하게 한다
- **스토리 마법 실행의 3단계**
  Step 1 : 나를 포지셔닝하라
  Step 2 : 마법의 스토리를 얘기하라
  Step 3 : 해야 할 일을 제시하라
- **MOT** Moment of Truth, 진실의 순간 또는 결정적 순간
  고객과 마주치는 아주 짧은 순간으로 고객에 절대적인 영향력을 미칠 수 있는 매우 중요한 상황.
- **사람의 일반적인 성향**
  이기적이다 / 수동적이다 / 경계한다 / 게으르다

# STORY... 스토리의 마법 3
# 흥미진진한 이야기 구성의 열쇠

● ●
결국 주인공은 악당을 물리치고
원하는 목표를 이룬다

세미나를 시작한 지 40여 분이 흘렀다. 사람들은 스미스 박사의 이야기에 점점 더 빠져 들고 있었다.

"자 이제 본격적으로 어떻게 마법의 스토리를 만들 수 있는지 그 구체적인 방법을 알아보도록 합시다. 스토리를 통해 사람의 마음을 움직이려면 어떻게 해야 할까요? 먼저 여러분이 어떤 스토리를 듣고 감명을 받은 적이 있는지 들어 봅시다. 이쪽 제일 뒤에 계신 분. 감명 깊었거나 인상 깊었던 이야기 하나 부탁드립니다. 다른 분들도 하나씩 생각해 보십시오."

지목을 받은 직원은 얼른 떠오르지를 않는지 한참을 생각하다가 겨우 말을 꺼냈다.

"얼마 전에 본 〈다큐 3일〉이라는 다큐멘터리가 마음에 와 닿았습니다. 고철을 모으는 할머니에 대한 3일간의 이야기였어요. 잘 걷지도 못하시는 할머니께서 멀리서 공부하는 자식들을 위해 힘든 일도 마다 않고 매일 고생하시는 것을 보고 정말 감명 깊었습니다."

"네, 말씀하신 분의 이야기만 들어도 눈물이 나려고 하는군요. 다음 분 또 있습니까?"

"저는 가수가 되기 위해 노력하는 아마추어들의 서바이벌 오디션 프로그램이 인상적이었습니다. 서로 경쟁하면서도 격려하고 또 열심히 노력하는 모습, 힘들게 살아온 인생, 가슴을 후벼 파는 심사위원들의 냉정한 지적, 몇 명만 남고 짐을 싸야 하는 사람들. 떨어진 사람들과 얼싸안고 함께 슬퍼하는 모습이 잔인하다는 생각이 들면서도 한편으로는 이게 바로 사람의 본 모습이구나 싶었습니다. 깊은 감동도 느낄 수 있었구요."

"전 지하철을 이용하는데 지하철 역 벽에 붙어 있는 한 장짜리 사연들을 즐겨 읽는 편입니다. 오늘도 김밥을 파는 한 소년의 이야기를 읽었습니다. 엄마가 힘들게 김밥을 파는데 많이 아프셔서 자신도 엄마를 돕기로 했답니다. 처음엔 엄마가 말렸지만 지금은 너무나도 고마워하셔서 학교 가기 전에 엄마와 함께 김밥을 파는 시간이 자신에겐 가장 행복한 시간이라는 그런 이야기였어요."

사람들의 이야기가 하나하나 소개되는 동안 그 자리에 모여 있는 사람들의 마음도 흐뭇해지는 것 같았다. 짧은 이야기이지만 순식간에 가슴속에 따뜻한 기운이 솟아오르는 것 같은 느낌이 들 정도였다.

'정말 감동적인 이야기의 힘은 대단하구나.'

유진 역시 사람들이 소개하는 사연에 코끝이 찡해왔다.

"네, 많은 분들이 좋은 이야기를 들려주셨습니다. 이야기를 듣고 있는 이 짧은 시간에도 감동이 밀려오는 것 같습니다. 자, 그럼 이렇게 감동적인 이야기들은 어떻게 만들어지는 걸까요? 왜 감동적이라는 생각이 드는 걸까요?"

스미스 박사의 질문에 여기저기서 대답이 쏟아져 나왔다.

"아무래도 진실이 담겨 있어서 그렇지 않을까요?"

"나보다 어렵게 사는 사람들이 삶의 희망을 찾고 있다는 내용이 우리가 너무 배부른 고민을 하고 있다는 깨달음을 주기 때문이라고 생각해요."

"실제 사건이라서 더욱 감동적인 것 같습니다."

"이런 이야기들을 들으면 기분이 좋아지고 행복해집니다."

스미스 박사는 고개를 끄덕이며 포인터의 버튼을 눌러 다음 화면을 펼쳤다.

| 마법의 스토리를 위한 핵심요소 | |
|---|---|
| 핵심 1 | 진실을 이야기한다 |
| 핵심 2 | 긍정적이고 행복한 메시지를 전한다 |
| 핵심 3 | 이미지가 뚜렷하고 쉽게 기억된다 |
| 핵심 4 | 실제 사례를 많이 보여준다 |
| 핵심 5 | 상대와의 대화를 통한 깨달음을 준다 |

그러자 사람들이 적잖이 놀라는 눈치였다. 많은 부분이 이미 공감한 내용이었기 때문이다.

"여러분도 이미 알고 있었습니다. 어떤 스토리가 바로 마법 같은 스토리인지 말이죠. 먼저 이야기가 진실해야 합니다. 꼭 진실이 아니더라도 그만큼 개연성이 있고 우리들 주변의 삶을 담은 이야기일 때 사람들은 공감하고 감동합니다.

두 번째, 이야기를 통해서 삶의 희망을 볼 수 있고, 긍정적이고 행복해야 합니다. 부정적이고 무서운 영화를 보면 기억에는 잘 남습니다만 사실 보고 나서 매우 찜찜하죠. 하지만 즐겁고 희망적인 영화는 보고 나서도 기분이 좋고, 또 삶의 활력소가 되기도 합니다. 이처럼 어떤 스토리를 만들 때 가급적이면 희망과 행복을 줄 수 있어야 합니다.

세 번째, 이미지를 잘 부각시키고 잘 기억될 수 있어야 합니다. 아까 말씀하신 다양한 이야기들은 잘은 모르지만 대부분 그리 길지 않으면서도 핵심이 분명한 짧은 사연들이었습니다. 이처럼 분량이 너무 많지 않으면서 주제가 명확해야 쉽게 그 스토리와 그 스토리가 주는 메시지를 기억할 수 있습니다.

  핵심 네 번째와 다섯 번째는 아무래도 방법적인 부분입니다. 좋은 이야기가 되기 위해서는 단순히 추상적인 개념, 즉 어려운 상황에서도 희망을 갖고 살자는 내용이기보다는 실제로 사람들이 살아가는 모습을 구체적으로 그려 주는 게 좋습니다. 김밥 파는 학생의 이야기처럼 실제 사례의 소개는 그 자체만으로도 충분히 감동을 주죠. 그리고 가능하다면 이야기를 듣는 상대와의 대화도 중요합니다. 일방적으로 메시지를 전달하기보다는 상대의 의견이나 생각을 같이 나누며 이야기를 한다면 훨씬 효율적입니다. 이는 좋은 이야기의 효과를 더 높이는 실천적인 요소이기도 합니다."

  스미스 박사의 이야기를 하나라도 놓칠세라 유진도 열심히 메모를 했다. 그러는 과정에서 평소 어떻게 하면 말을 잘할 수 있을지 고민하기보다 어떤 말을 해야 하는지를 먼저 고민했어야 한다는 생각이 들었다.

  '말을 잘하는 게 먼저가 아니고 좋은 이야기를 먼저 생각해 내는 게 중요하군.'

"자, 이제 슬슬 핵심으로 가봅시다. 스토리는 이렇게 만들어야 합니다. 스토리에 진실을 담으려고 노력해야 하고, 행복한 메시지도 전달해야 합니다. 그럼 이런 진실이라는 재료를 이용해서 어떻게 스토리를 구성해야 사람들이 행복해 할지를 보도록 하죠. 일단 비즈니스를 떠나 스토리에 한번 집중해 봅시다. 어릴 적 보던 동화책 속의 스토리를 생각해도 좋습니다. 자, 성에 갇혀 있는 공주와 용과 함께 주인공 왕자가 등장합니다. 흥미진진하죠. 스토리를 어떻게 구성할 수 있을까요?"

화면에 다음 페이지가 펼쳐졌다.

---

**스토리가 재미있으려면…**

열정 : 주인공의 목표에 대한 열정
갈등 : 주인공과 악당과의 갈등
구출 : 주인공의 절박한 위기와 천사의 등장

---

"자, 같이 보도록 하죠. 스토리에는 열정과 갈등과 구출의 내용이 담겨 있어야 흥미를 더할 수 있습니다. 먼저 열정을 담아야 합니다. 목표를 향해 나아가는 주인공의 열정이 있어야 사람들은 주인공과 쉽게 동화됩니다. '아, 주인공이 저걸 꼭 얻어야 하는데! 성에 갇힌 공주를 반드시 구해야 한다고!' 이런

것이죠. 그럼 공주를 구해 결혼을 하려면 대단한 열정이 필요하겠죠. 공주도 예뻐야 하구요."

사람들이 일제히 웃었다. 스미스 박사도 미소를 지으며 이야기를 계속했다.

"두 번째, 갈등이 있어야 합니다. 일이 마냥 순조롭게 진행되면 재미가 없죠. 아! 왕자가 도착한 성 앞에 커다란 용이 있습니다. 그런데 이 용은 너무나도 거대하고 무서워서 어떤 사람도 그와 싸워서 이긴 적이 없습니다. 정말 강력한 적이죠. 왕자와 용의 갈등이 시작된 겁니다. 강력한 악당이 주인공을 궁지로 몰아넣습니다. 사람들은 이때 주인공과 함께 안타까운 마음에 사로잡히죠. 도저히 이길 가능성이 없어 보일수록 주인공에 대한 연민과 걱정이 더욱더 커져서 사람들은 이야기 속으로 흠뻑 빠져들게 되는 것입니다.

세 번째, 공주를 구출해야 합니다. 공주를 구출하지 못하면 이건 독자에 대한 그리고 관객에 대한 실례죠. 아마 두고두고 안타까운 마음일 겁니다. 물론 일부 작가들은 오히려 그런 걸 노리고 시나리오를 쓰기도 하죠. 슬픔이 가져오는 카타르시스라고 하면서 말입니다. 하지만 전 개인적으로 그런 걸 별로 좋아하지 않습니다. 제가 한국 드라마 중 맘에 들어 하지 않는 부분이 바로 이 슬픈 결말이 너무 많다는 것입니다."

스미스 박사는 사람들을 바라보며 동감을 구하는 듯한 시선을 보냈다. 몇몇 사람들이 고개를 끄덕여 본인도 그렇게 생각한다는 제스처를 취했다.

"어쨌든 용이 너무 강해서 왕자 혼자 공주를 구하기는 힘듭니다. 결국 왕자는 절체절명의 위험에 처하게 되는데 이때 어디선가 천사가 나타납니다. 천사의 도움으로 왕자는 가까스로 공주를 구해 함께 손을 잡고 용의 성을 빠져 나옵니다. 그런데 작가가 마음이 약해서인지 용을 죽이는 설정은 못하더군요, 보통은."

사람들이 또다시 웃음을 터뜨렸다. 스미스 박사는 신이 난 듯 다음 페이지로 넘어갔다.

"이처럼 세 가지의 구성 요소를 효과적으로 표현하기 위해 스토리는 다섯 가지의 기본 플롯을 갖추게 됩니다."

---

**스토리의 기본 플롯**

발단 – 주인공이 목표를 갖게 됨
전개 – 주인공과 친구들이 목표를 향해 나아감
위기 – 악당을 만나게 되고 위기에 직면함
절정 – 천사의 도움과 주인공 악당의 대결
결말 – 목표를 이루고 세상에 평화가 옴

화면에 펼쳐진 내용은 사람들에게 낯익은 전개 구성이었다.

"아마 많이들 익숙한 구성 내용일 겁니다. 저도 희곡 교과서에서 가져온 것이거든요. 보통 중학교 정도의 글쓰기 과목에서 이런 내용들이 나오죠. 옛날 옛적 아리스토텔레스 시절부터 나오는 극의 구성 요소입니다. 아마 많은 나라 사람들이 스토리의 구성에 대해 여전히 이렇게 배우고 있을 겁니다. 그렇기 때문에 우리는 이것을 기본 플롯이라고 이야기합니다. 제가 말씀드리고자 하는 것은 여러분은 이미 스토리에 대해 많은 것을 배웠고 알고 있다는 점이죠. 새로운 것은 별로 없습니다. 중요한 것은 이런 기본적인 원리를 내 행동에 어떻게 활용할 수 있느냐 하는 것입니다.

우리가 하려고 하는 것은 이렇게 장황한 서사물이 아닙니다. 현대인들은 매우 바쁩니다. 긴 이야기를 들을 마음에 여유가 없습니다. 그러므로 우리는 이 다섯 가지의 과정을 생략하고 인상적인 요소만 꺼내 앞서 설명한 열정, 갈등, 구출의 세 가지 이야기를 담아내면 됩니다. 어떻게요? 더 짧게입니다. 특히 갈등 구조를 잘 만들어 내시면 됩니다. 자, 그럼 이번에는 여러분의 스토리를 만들기 위해 구체적으로 어떤 갈등 구조를 만들어야 하는지 등장인물의 구성을 통해 알아봅시다."

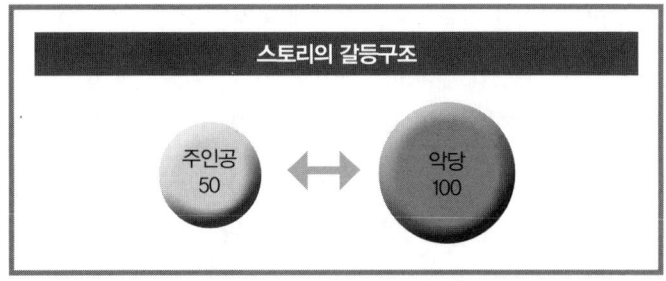

스토리 갈등 구조의 핵심은 바로 주인공과 악당입니다. 스토리텔링의 전문가들은 동화적 이야기의 요소들을 영웅, 악당, 조력자, 후원자 등으로 규정한 바 있습니다. 하지만 저는 약간 다른 시각으로 봅니다. 서양에서는 동화적 스토리의 구조를 영웅과 악당의 구조로 보는데, 제가 보는 관점에서는 주인공과 악당의 구조로 보는 편이 맞다고 봅니다. 주인공이 용에게서 공주를 구했기 때문에 영웅이 되는 것이지, 시작부터 그렇게 대단했던 것은 아니기 때문입니다. 또한 우리가 할 비즈니스 스토리에서는 더더욱 그렇습니다. 그리고 조력자와 후원자라는 개념도 친구와 천사라는 식으로 다르게 적용해 보았습니다.

어쨌든 먼저 주인공과 악당에 포커스를 맞춰 봅시다. 흥미로운 스토리에서 악당의 힘이 100이라면 우리 주인공의 힘은 50도 안 될 것입니다. 따라서 주인공 혼자는 이 악당을 이겨 낼 수 없습니다. 처음부터 설정된 불리한 구조이기 때문에 독자는 불안한 마음에 그 다음 이야기를 지켜볼 수밖에 없는 것입니다. 불쌍한 주인공을 위해 오직 작가의 선처만을 기다려야 합니다. 작가가 화가 나서 그냥 악당과 싸움을 붙여버리면 우리의 주인공은 악당에게 처절하게 패하고 말 것입니다. 어떤 작가들은 처음에 몇 번 이렇게 악당에게 당하게 해 주인공을 만신창이로 만들어 놓기도 합니다. 그럼 우리는 주인공을 더없이 불쌍해 하며 안타까워 어쩔 줄을 모릅니다. 그러면서 혹시나 주인공이 죽어버리는 것은 아닌지 궁금함을 감추지 못합니다. 그때 작가가 슬슬 주인공을 도울 사람들을 보내기 시작합니다. 독자들은 드디어 희망을 갖기 시작하죠. 작가에게 감사하기 시작합니다. 이 정도 되면 작가는 정말 신과 같은 존재입니다. 자, 다음 화면을 봅시다."

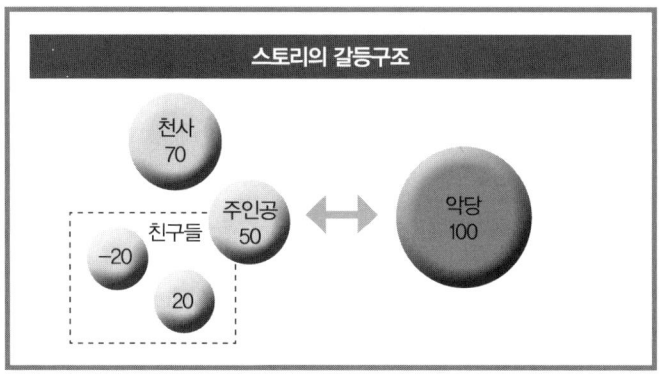

다음 화면에서는 주인공 주변에 천사와 친구들이 나타났다. 그런데 흥미로운 것은 친구들 중 힘의 크기가 마이너스인 사람들이 있다는 점이었다.

"여기에 왜 마이너스 능력치를 갖고 있는 친구들이 있는 걸까요?"

"주인공을 배반하거나 아니면 어리숙한 행동으로 주인공을 더 곤란하게 만들려는 친구들 아닌가요?"

유진의 대답에 스미스 박사가 웃음을 지었다.

"네, 정확합니다. 역시 센스가 있군요. 어떤 친구들은 주인공에게 짐이 됩니다. 배신을 통해 오히려 주인공을 함정에 빠뜨리고, 능력치를 까먹게 하기도 합니다. 어쨌거나 여러 친구들과 함께 맞서지만 여전히 악당을 이기기에는 역부족입니다. 작가는 여기서 한 번쯤 악당과 주인공의 대결을 추진합니다. 독자들은 여전히 불안합니다. 역시 불안한 예감은 틀리지 않습니다. 친구들은 도움이 되지 않기 때문입니다. 특히 결정적인 실수나 배반으로 주인공을 오히려 더 곤란하게 만드는 친구가 꼭 있습니다. 여러분 주변엔 그런 친구들 없습니까?"

사람들이 미소를 지었다.

'나를 어렵게 만드는 친구들이…… 있었지. 하지만 그런 친구들이라도 없는 것보다는 낫지 않을까? 그래서 친구는 친구

아닌 건가?'

　사람들이 이런저런 생각에 빠졌다. 스미스 박사는 잔뜩 긴장한 표정으로 말을 이었다.

　"이쯤 되면 독자들의 분노는 극에 달합니다. '뭐 저런 친구가 다 있어! 애초부터 따라오지나 말 것이지!' 하면서 말입니다."

　사람들이 스미스 박사의 이야기에 심취되어 있었다. 그의 발표는 특별히 구체적인 이야기가 담겨 있지 않은데도 매우 흥미진진하게 느껴졌다. 이야기의 구성만 가지고도 사람의 감정이 이렇게 동요된다는 것을 느끼는 순간이었다.

　"그때 천사가 나타납니다! 저런, 천사도 악당만큼의 능력은 되지 않습니다. 그러나 이 천사의 등장으로 주인공과 친구들의 능력치가 순간적으로 확 올라가게 됩니다. 결국 주인공은 악당을 물리칩니다. 정확히 말하자면 악당을 피할 수 있게 됩니다. 어쨌거나 그들은 원하는 목표를 이루게 됩니다.

　자, 이제 평화가 찾아왔습니다. 독자들은 행복해진 주인공과 친구들을 보며 스스로도 행복감에 빠져 듭니다. 자, 여러분! 어떻습니까? 제가 구성한 스토리가 재미있는 이야기가 될 수 있을 것 같습니까?"

　"네!"

　여기저기서 큰 소리의 대답이 들려왔다.

"쑥스럽습니다만, 아직까지는 또 하나의 상투적인 이야기일지 모릅니다. 제가 이런 줄거리로 드라마를 만들면 시청률이 잘 나올 수 있을지 저도 장담을 못하겠군요. 그래서 제가 방송국 PD를 안 하는 것이긴 합니다만."

사람들이 한바탕 크게 웃었다. 스미스 박사는 흐뭇한 표정을 짓고는 잠시 정면에 있는 시계를 바라보았다.

"지금까지 여러분께 어떤 스토리가 재미있는지 가장 기본적인 원리를 통해 설명 드렸습니다. 이제 여러분은 슬슬 기대를 하게 될 것입니다. '그래, 스토리를 가지고 사람의 마음에 동요를 일으킬 수 있구나.' 하지만 조금만 생각해 보면 아직도 본인이 이 마법을 어떻게 활용할 수 있을지는 감이 잘 안 오실 겁니다. 왜냐하면 지금까지는 그저 일반적인 동화 속 이야기일 뿐이니까요. 꿈과 같은 이야기를 한다고 사람들이 상품에 관심을 가질 리는 없죠. 다만 그저 도움이 될 만한 기본 재료 정도가 준비된 셈입니다. 자, 드디어 여러분이 기대하고 있는 요리 시간이 찾아왔습니다. 비즈니스를 위해 어떻게 스토리를 만들 것인가 하는 것은 무척이나 중요합니다. 그러나……."

스미스 박사가 비장한 표정을 지으며 잠시 말을 멈추자 사람들이 긴장했다.

"여러분! 이제 광고 들으셔야죠."

사람들이 일제히 "에이!" 하며 웃음을 터뜨렸다.

"한 10분만 쉬겠습니다. 곧 화면으로 S상사 광고가 나갈 겁니다."

사람들은 박사의 엉뚱한 휴식 시간 공지에 활짝 웃으며 박수로 화답했다.

"바쁘신 분들은 먼저 가셔도 좋습니다. 혹시 모르죠. 끝까지 남아 계시는 분들께 특별한 선물이 있을지도."

선물 이야기가 나오자 곳곳에서 환호하는 소리가 들렸다. 잠시 쉬겠다는 말에 사람들은 아쉬워하는 표정을 감추지 못했다. 비즈니스에 스토리의 마법을 어떻게 적용할 수 있을지 너무도 궁금했기 때문이다. 세미나실 안은 이내 자리에서 일어서는 사람, 전화하는 사람, 서로 스토리에 관련한 이야기를 나누는 사람들로 소란스러워졌다.

"박사님, 여기 제 친한 친구들이에요. 이쪽은 이건우이고요, 이쪽은 최서연입니다."

"안녕하세요, 박사님!"

"네, 반갑습니다. 앞에서 제 강의를 가장 열심히 듣던 두 분이시군요."

스미스 박사는 건우와 서연에게 악수를 청하며 반갑게 인사했다. 유진은 그 사이에 스미스 박사를 위한 음료수를 준비했다. 네 사람은 강의실 앞에 모여 '스토리의 마법'에 대한 이런저런 이야기를 나누었다. 유진은 이야기하는 도중 누군가 뒤에서 자신들을 바라보고 있는 것 같은 시선을 느꼈다. 바로 허 팀장이 흐뭇한 표정으로 바라보고 있었다. 유진은 팀장과 눈이 마주치자 살짝 인사를 했다. 그러자 허 팀장도 환하게 웃으며 눈인사를 해주었다. 유진은 그동안 무섭기만 했던 팀장이 오늘처럼 편하고 친근하게 생각된 적이 없었다. 유진은 갑자기 그런 생각이 들었다.

'내가 오늘 정말 팀장님 마음에 드는 일을 했나 보네. 팀장님이 원하시던 게 바로 이런 거였나? 사람의 마음을 움직이는 마법 같은 것? 팀장님이 말씀하신 해답이란 결국 사람의 마음을 얻기 위한 구체적인 방법을 찾아내라는 것이었구나! 그랬어. 마케팅을 실현할 실제 방법을 찾아내라는 것이었는데 난 핵심은 찾지 못한 채 기술적인 것에만 얽매여 원론만 반복하고 있었어.'

유진은 드디어 그 핵심에 다가서게 된 것 같다는 생각이 들었다. 굳게 닫힌 사람들의 마음을 여는 방법 그리고 멀리 있는 고객들이 다가오게 하는 방법!

유진은 뿌듯한 감정을 주체할 수 없었다. 회사에 들어와 처음 느껴 보는 행복한 순간이었다.

Yujin's Memo

스토리의 마법 ❸
# 스토리의 핵심 요소

- **마법의 스토리를 위한 핵심 요소**
  핵심 1 : 진실을 이야기한다
  핵심 2 : 긍정적이고 행복한 메시지를 전한다
  핵심 3 : 이미지가 뚜렷하고 쉽게 기억된다
  핵심 4 : 실제 사례를 많이 보여 준다
  핵심 5 : 상대와의 대화를 통해 깨달음을 준다
- **스토리가 재미있기 위한 3가지 요소**
  열정 : 주인공의 목표에 대한 열정
  갈등 : 주인공과 악당과의 갈등
  구속 : 주인공의 절박한 위기와 천사의 등장
- **스토리의 기본 플롯**
  발단 : 주인공이 목표를 갖게 됨
  전개 : 주인공과 친구들이 목표를 향해 나아감
  위기 : 악당을 만나게 되고 위기에 직면함
  절정 : 천사의 도움과 주인공 악당의 대결
  결말 : 목표를 이루고 세상에 평화가 옴
- **스토리의 등장인물**
  주인공, 친구들, 천사 ↔ 악당

STORY... 스토리의 마법 4
# 비즈니스에 필요한 스토리의 마법

• •
강력한 스토리는
가치와 감성을 연결시킨다

사람들이 하나둘씩 세미나실로 들어오기 시작했다. 실내는 여전히 소란스러웠고 빠져나간 사람도 거의 없었다. 다시 앞쪽의 불이 꺼지고 사람들의 시선이 강단으로 걸어 나가는 스미스 박사를 주시했다.

"자, 여러분. 이제 '스토리의 마법'을 본격적으로 비즈니스에 활용하는 방법에 대해 알아봅시다. 사실 여러분은 이미 전 시간의 제 이야기를 통해 어떻게 해야 할지를 이미 알고 계십니다. 그저 사람의 마음을 움직이는 관점을 여러분의 고객으로 한정하면 됩니다. 잘하실 수 있겠죠?"

스미스 박사의 질문에 몇몇 사람들이 잘 모르겠다는 표정으로 고개를 가로저었다.

"몇 분께서 아직 잘 모르겠다고 하시네요. 그냥 가려고 했더니 안 되겠군요. 이제 제 설명을 들으시면 생각이 달라지실 겁니다. 그럼 시작하겠습니다. 비즈니스를 위한 스토리의 마법!"

유진은 스미스 박사의 발표에서 특이한 점을 발견했다. 스미스 박사의 프레젠테이션은 진행이 매우 독특했다. 다른 사람들이 보통 페이지를 넘겨 놓은 다음 제목을 설명하는 데 비해, 스미스 박사는 이전 페이지 상태에서 다음 페이지에 대한 마음의 준비를 시키고는 이런저런 말로 사람들이 머릿속으로 그 다음에 나올 내용에 대해 상상하도록 하는 것이었다. 그런 식으로 기대감을 고조시킨 다음 페이지를 넘기면 사람들의 예상을 빗나가는 독특한 내용의 발표 자료가 눈에 딱 펼쳐지는 게 정말 무슨 마법사 같았다.

---

**비즈니스 스토리의 목표**

브랜드의 이미지 전달
상품의 성능과 이미지 전달
상품을 이용한 라이프 스타일 제시

---

화면 가득 '비즈니스 스토리의 목표'가 펼쳐졌다.

"비즈니스를 위한 스토리는 크게 세 가지를 염두에 두고 기획할 수 있습니다. 첫 번째는 브랜드의 이미지 전달입니다. 브랜드에 대한 스토리를 사람들에게 전달함으로써 특정 이미지를 포지셔닝 하는 것입니다. 아마도 많은 사람들이 스토리의 마법을 이런 목적으로 사용할 것입니다. 혹시 이런 식으로 만들어진 스토리에 대해 아는 게 있습니까? 음, 앞에서 두 번째 계신 분께서 한번 이야기해 주시죠."

스미스 박사가 건우를 지목했다.

"네, 많은 사례가 있을 텐데요. 제가 인터넷에서 조사한 사례 하나를 이야기해 보겠습니다.

영국의 '이노센트 드링크'라는 과일 스무디 브랜드에 대한 스토리입니다. 이 회사는 무향신료, 무방부제를 추구하는 건강식 주스를 생산하죠. 재미있는 것은, 이 회사의 홈페이지(http://innocentdrinks.co.uk)에는 브랜드가 만들어진 배경과 건강 스무디의 콘셉트에 대한 이야기가 매우 즐겁고 유쾌하게 소개되어 있다는 점입니다. 창업자들은 직장에 다니던 중 왜 몸에 좋은 드링크가 없을까 고민하다 직접 제품을 만들기로 했다고 합니다. 처음 제품을 만들었을 때 시음회를 열었고 참여하는 사람들을 대상으로 투표를 했답니다. 투표 참여 요령은 다 마신 음료를 앞에 있는 'YES'와 'NO'라고 적힌 두 개의 쓰레기통에 넣기만 하면 되는 것이었습니다. '이 음료를 만들기 위해 우리가 지금 다니는 회사를 그만두어도 좋겠습니까?'라는 질문과 함께요. 자신들의 운명을 고객들에게 맡긴 것입니다. 투표한 사람들은 많은 고민을 했을 겁니다. 자신들의 판단이 젊은 사람들의 앞날을 결정할 수도 있기 때문이었죠. 많은 사람들이 투표에 참가했습니다. 과연 어떻게 되었을까요? 예상하셨겠지만, 많은 사람들이 'YES'를 선택했습니다. 그들은 정말로 회사를 그만두고 스무디 회사를 차렸다고 합니다.

어디까지가 진실인지는 잘 모르겠습니다. 그러나 확실한 것은 매우 인상적인 스토리라는 점입니다. 저도 이 이야기를 읽고 건강에 좋은 스무디를 마셔야겠다는 생각이 들었습니다. 기왕이면 더 좋은 제품을 위해 인생을 건 이 사람들의 드링크를 마셔야겠다는 생각도 들더군요. 홈페이지에 소개된 이 회사의 제품들은 살펴보는 것만으로도 즐겁습니다. 이 회사 음료수 병을 뒤집으면 라벨에 뒤집혀진 글씨가 조그맣게 있다고 해요. '그래, 우리도 지금 뒤집혔다는 것을 안다' 이런 식이죠. 드링크를 마시려고 거꾸로 드는 순간 이 글을 보게 되면 얼마나 재미있을까요? 정말 깨알 같은 즐거움이죠. 자사 브랜드의 콘셉트를 감동적인 스토리와 재치 있는 즐거움으로 고객에게 전달하려 노력한 좋은 사례라고 생각합니다."

건우의 똑 부러지는 설명이 매우 인상적인 이야기였다. 건우는 스토리에 대한 이해가 높았다. 이런 것이 좋은 스토리텔링의 사례였다. 사실 스미스 박사는 관련 팀장들이 같이 자리하고 있다는 것을 염두에 두고 건우에게 쉬는 시간에 다음에 강의할 내용에 대해 미리 몇 가지 힌트를 주었었다. 답을 가르쳐 준 것은 아니었지만 미리 질문을 던져 주고, 대비할 수 있는 기회를 주었던 것이다. 자연스럽게 스미스 박사는 그 내용으로 질문을 했고, 건우는 그 기회를 멋지게 살려냈다. 이렇게 함으로써 스미스 박사는 유진과 유진의 친구들이 회사에서 좀더 인정받을 수 있게 기회를 주고자 한 것이다. 그 대상이 마케팅 담당 실무자라면 어땠을까? 임원들에게 잘 보인 그 실무자가 스미스 박사의 일을 더 잘 도와주지 않았을까?

'정말 저 사람은 이야기를 통해 사람을 자유자재로 띄우기도 하고 내려놓기도 하는구나. 아주 뛰어난 사람으로 돋보이게 하기도 하고, 곤란한 질문을 던져 생각 없는 사람으로 만들 수도 있겠어. 정말 스토리의 힘은 대단한걸.'

유진은 허 팀장의 흐뭇해하는 표정을 보며 스미스 박사가 정말 치밀한 사람임을 또 한 번 깨달았다.

스미스 박사가 건우의 답변에 매우 감탄한 듯한 목소리로 응답했다.

"오, 역시 이 회사에는 아주 뛰어난 분들이 많으시군요. 제가 들어본 사례 중에 가장 훌륭한 스토리였던 것 같습니다. 맞습니다. 그런 식으로 스토리는 브랜드의 이야기를 전달하고 또 그에 맞는 이미지를 사람들의 뇌리에 각인시키게 됩니다. 여러분들도 유리병 드링크를 마시며 거꾸로 된 라벨을 본 경험이 있으시죠? 거기에도 재미를 담을 수 있었던 것입니다. 이처럼 즐겁고 행복한 이야기는 사람들에게 좋은 인상을 남기게 되는데요, 이렇게 브랜드의 이미지가 소비자에게 긍정적으로 각인되면 어떤 이점이 있을까요? 그 옆에 계신 여자 분! 오늘 아주 진지하게 듣고 계신데요."

이번엔 서연이었다.

"네, 브랜드에 대한 좋은 이미지는 결국 그 브랜드를 사용하는 모든 상품의 매출 증대를 가져올 수 있습니다. 이는 심리학에서 말하는 후광 효과라는 것과 관련이 있습니다. 후광 효과, 즉 'Halo Effect'는 하나의 뚜렷한 특징이 그 사람의 모든 것을 좌우한다는 의미입니다. 소비자는 좋은 이미지를 갖고 있는 브랜드는 어떤 상품이든 좋은 품질을 갖고 있을 거라고 판단하는 경향이 있기 때문에 다양한 상품군을 갖고 있는 브랜드일수록 브랜드의 이미지 메이킹을 위해 '스토리의 마법'을 좀더 치밀하고 적극적으로 적용할 필요가 있다고 생각합니다."

서연의 답변이 끝나자 동감한다는 듯한 박수 소리가 여기저기서 들려왔다. 허 팀장은 이번에도 흐뭇한 표정을 지었다. 그 모습을 보자 유진도 뿌듯했다.

"정말 훌륭한 답변입니다. 역시 S상사의 직원들은 정말 대단하신 분들만 모여 있는 것 같습니다."

세미나실에 모인 사람들은 회사에 대한 칭찬이 이어지자 꽤나 뿌듯한 표정을 지었다. 전후 사정을 알고 있는 유진에게는 정말 스토리가 사람의 마음을 어떻게 움직이는지 새삼 다시 느껴지는 순간이었다.

"제가 오늘은 심리학적인 효과에 대해서는 설명을 안 드렸지만, 후광 효과야말로 이런 스토리의 마법에서 매우 중요한 개념입니다. 한번 좋은 이미지를 갖게 된 브랜드의 후광 효과를 그 브랜드의 모든 상품이 함께 누리게 되는 것이죠. 강력한 브랜드는 이렇게 가치와 감성이 조화를 이룹니다. 이런 브랜드의 이미지는 고객이 선택을 해야 하는 결정적인 순간에 확실하게 마음을 사로잡게 되는 것이죠. 여러분도 관심 있게 보세요. 얼마나 많은 기업들이 수많은 돈을 들여가며 기업 브랜드 이미지 광고를 하고 있는지를요!"

스미스 박사가 잠시 말을 멈추고 참석자들을 주시했다. 많은 사람들이 고개를 끄덕이며 스미스 박사에게 호응의 제스처를 취해 주었다.

"두 번째와 세 번째는 상품의 이미지입니다. 상품과 관련한 스토리를 제시함으로써 이런 목표들을 얻을 수 있습니다. 즉, 스토리를 통해 상품의 뛰어난 성능, 차별점 등에 대해 이해시키고 설명하는 것입니다. 그리고 또 하나는 스토리를 통해 상품을 사용함으로써 달라지는 라이프스타일에 대해 알리고 또 사람들을 변화시킬 수도 있다는 것입니다. 하나의 유행, 하나의 문화를 만들어 내는 것이죠.

한국에 와서 보니 정말 다양한 브랜드의 커피 전문점이 있더군요. 흔히 사람들은 스타벅스 커피에 대한 이야기를 많이 합니다. 스타벅스는 스토리를 통해 커피에 대한 정보뿐 아니라 맛있게 즐기는 방법과 즐기는 문화를 사람들에게 전파했습니다. 이를 통해 사람들의 라이프스타일을 크게 바꾸어 놓았죠. 아마도 스타벅스가 나오기 전 사람들에게 커피숍은 그저 차 한잔하면서 대화를 하거나 약속 장소의 역할을 하는 공간일 뿐이었죠. 그러나 스타벅스는 스토리를 통해 어떤 문화를 우리에게 알려 주었습니까? 그것은 매장에서도 볼 수 있습니다. 커피에 대한 다양한 이야기와 그와 관련된 지식들을 알려줌으로써 커피를 즐기는 방법을 알려 주었습니다. 많은 사람들이 자신이 마시는 커피의 원두에 대해 관심을 갖기 시작했습니다. 예쁜 머그컵과 텀블러는 집에서도 그런 풍취에 젖어들 수 있게 만들어 주었습니다. 멋진 전망을 가진 창가 자리에서 그 윽한 커피 향과 함께 책도 보고 인터넷도 즐길 수 있는 공간을 제공해 주었습니다. 단순히 만남이 중심이었던 라이프스타일에서 커피를 중심으로 한 생활공간으로 바꿔 놓은 것입니다. 이것이 바로 스토리를 통해 커피를 즐기는 문화를 우리에게 알려준 점입니다."

유진은 스미스 박사의 이야기를 들으면서 전에 스타벅스에서 가졌던 동료들과의 만남을 떠올려 보았다. 과연 그랬다. 커피를 주문하면서 읽어 본 원두에 대한 다양한 설명들, 주변에 놓여 있는 다양한 커피 관련 상품들 그리고 생각해 보니 그동안 대화하기 좋은 자리라고 여겼던 창가 쪽 자리들이 혼자 앉아 사색에 빠질 수 있는 바 형태의 공간으로 바뀌어 있지 않았던가. 과연 스미스 박사의 지적처럼 과거의 커피숍이 사람들과 만나기 위한 장소였다면, 지금은 맛있는 커피와 차를 즐기며 편안하게 휴식을 취하고 공부를 하기 위해 찾는 곳이었다. 진정 커피를 즐기는 사람들과의 시간을 즐길 수 있는 문화를 창조해 낸 것이다.

"스타벅스가 우리에게 라이프스타일을 바꾸는 스토리를 들려주었다면, 상품의 뛰어난 성능을 이야기하는 스토리도 있습니다. 제가 여기 와서 비슷한 사례를 찾아보려고 인터넷을 좀 살펴봤는데요, 그중에서 빨간 풍선 이야기가 좋은 사례가 될 것 같습니다. 이 동영상을 보시죠."

화면 가득 두 그룹이 서로 풍선을 매달아 사람을 날리려고 하는 동영상이 펼쳐졌다.

"이 동영상은 빨간색 풍선으로 상징되는 수많은 무선 인터넷망을 통해 인터넷 품질이 우수하다는 것을 보여 주려는 통신사의 스토리입니다. 젊은 사람들이 하늘을 날고 싶어 한다. 그리고 거기에 도전한다. 무모한 도전이다. 누구도 성공할 거라고 생각하지 않는다. 하지만 우리는 이 젊은이들에게 이만큼 많은 풍선을 제공해 줄 수 있다. 드디어 그날이다. 도전한다. 젊은이들이여! 날 수 있는가? 하늘을 날고 싶은 당신들의 꿈, 바로 우리가 도와줄 수 있다.

이런 스토리이죠. 여기서 통신사는 스토리의 필수 등장인물 중 어떤 역할일까요?"

"천사의 역할인 것 같습니다."

유진이 자신 있게 대답했다.

"맞습니다. 이 스토리상에서 주인공은 하늘을 날고자 하는 젊은이들입니다. 아마도 여러분을 상징하겠죠. 이 주인공들의 도전은 하늘을 나는 것입니다. 쉽지 않은 도전입니다. 하지만 천사가 있습니다. 바로 이 회사가 제공하는 수많은 풍선들이 여러분을 도와줄 것입니다. 어떻습니까? 여러분도 하늘을 날 수 있을까요?"

사람들이 고개를 끄덕였다. 우리가 날 수 있도록 도와주는 천사! 불가능한 것을 가능하게 만들어 주는 천사의 이야기!

"여기서 보았듯이 비즈니스에 있어서 스토리는 기존 이야기의 구조와는 차별화됩니다. 매우 짧다는 것입니다. 보여줄 수 있는 시간이 길지 않다는 게 중요한 특징입니다. 그래서 짧은 시간 안에 강렬한 이미지를 보여줄 수 있는 스토리가 필요합니다. 그것이 바로 마케팅에서의 스토리이자 스토리텔링입니다. 비즈니스의 스토리텔링은 이야기 구조가 좀더 콤팩트하게 함축되어야 하고 갈등도 뚜렷해야 합니다. 그리고 그 갈등을 어떻게 하면 극적으로 해소할 수 있을지에 초점이 맞춰집니다. 이는 마케팅 이론과도 일맥상통합니다. SWOT 분석 해보셨죠? 고객과 경쟁사의 약점과 위기가 만들어 내는 갈등! 이런 갈등을 부각시키는 것에서 비즈니스의 스토리는 시작됩니다."

스미스 박사는 물을 한 모금 마신 뒤 계속해서 열띤 설명을 이어갔다.

"엘리베이터 스피치라고 있습니다. 들어 보셨습니까? 여러분이 영업을 해야 하는 사람을 엘리베이터에서 우연히 만났다면 좋은 기회겠죠? 자, 15층까지 가는 동안 여러분에게는 얼마만큼의 시간이 주어지겠습니까? 유진 씨?"

유진이 잠시 생각을 정리했다. 엘리베이터가 1층에서 15층으로 올라가는 시간이라.

"길어야 1, 2분 아닐까요?"

"그렇죠. 이 짧은 시간 동안 스토리의 발단과 전개를 이야기하다 보면 정작 전달하려고 하는 핵심을 말할 시간이 없습니다. 이미 고객은 엘리베이터 밖으로 나가버린 뒤겠죠. 결코 그들은 기다려 주지 않습니다. TV 광고는 어떻습니까? 더 짧습니다. 오직 30초 정도만 주어질 뿐이죠. 그 30초 안에서 바로 여러분의 브랜드와 상품은 영웅이 되어 악당을 강력하게 제거해야 합니다. 그 짧은 시간 안에 슈퍼히어로 스토리를 펼쳐 나가야 하는 것입니다. 그렇지 않으면 시청자는 여러분을 기억하지 못합니다. 자. 그럼 어떻게 하면 좀더 기억에 남는 비즈니스

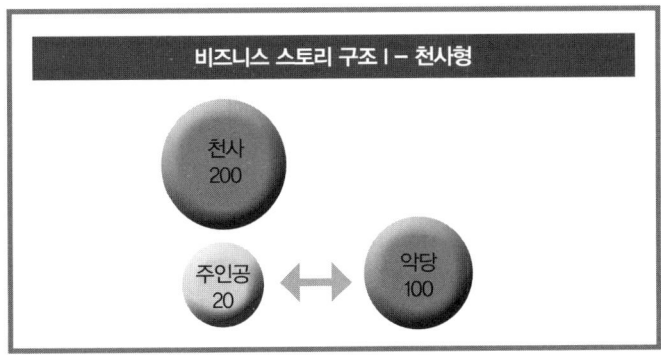

스토리를 만들어 낼 수 있을까요?"

스미스 박사는 다음 장으로 슬라이드를 넘겼다. 천사형이라는 비즈니스 스토리 구조가 나왔다.

"첫 번째 비즈니스 스토리의 구조입니다. 풍선 이야기와 같은 것이죠. 바로 천사형 구조입니다. 이는 기존의 장황한 스토리 구조에서 나의 도전을 함께할 여러 친구들이 빠진 모습입니다. 하지만 사실 빠진 게 아닙니다. 여러분과 여러분의 친구들이 모두 주인공인 것이죠. 바로 우리들입니다. 이야기는 곧 위기로 빠집니다. 대부분의 경우 바로 현재 여러분의 모습일 것입니다. 즉, 지금 여러분이 처한 위기 상황에서부터 이야기가 시작되는 것이죠. 자, 이제 우리가 스토리로 풀어 갈 것은 목표에 따른 위기, 절정 그리고 결말만 있을 뿐입니다. 만약 주인공이 고객이라면 여러분의 상품이나 브랜드는 천사의 역할입니다. 여러분은 아주 힘 있고 강력한 천사가 되어야 합니다. 경쟁사들도 천사가 되고 싶겠죠. 하지만 여러분의 강력한 능력이 힘이 없거나 힘이 없음을 알게 된 고객을 도와 원하는 목적을 쉽게 이룰 수 있도록 스토리가 구성되어야 합니다. 아주 짧고 인상적인 스토리가 만들어져야 하는 것이죠!"

화면이 어느새 다음 페이지로 넘어가 있었다. 주인공이 브랜드가 되고 악당과 대립하는 구조였다.

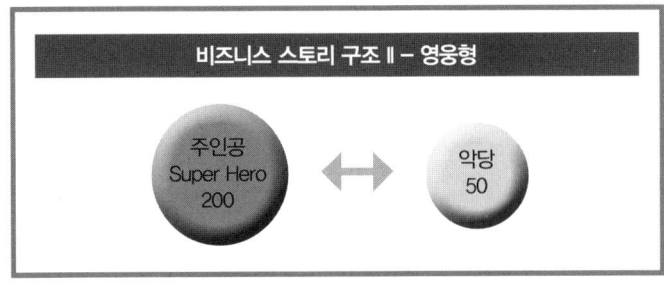

 "자, 이런 구조는 어떻습니까? 영웅형의 비즈니스 스토리 구조입니다. 주인공이 정말 세죠. 그야말로 슈퍼히어로입니다. 그에 비해 악당은 매우 초라하군요. 아마도 쉽게 이길 겁니다. 불공평합니까? 너무 싱거운 싸움인가요? 재미가 없습니까?"

 사람들은 저런 싸움이라면 보나마나라고 생각했다. 적어도 재미가 있으려면 뭔가 극적인 반전이 있어야 하는 것 아닌가 하는 생각과 함께. 스미스 박사는 잠시 사람들의 의심스러운 표정을 읽었다.

 "국가대표 축구 경기를 한다고 가정해 봅시다. 한국 팀이 경기를 하는데, 가만 보자, 누가 축구를 잘하죠? 호주? 아! 호주는 정말 별로죠. 우리도 축구는 안 봐요. 럭비를 봅니다."

 사람들이 웃음을 터뜨렸다.

 "자, 아르헨티나 팀으로 해봅시다. 자 축구 시합입니다. 최강 아르헨티나와 한국 국가대표! 오! 한국이 5:0으로 이겨버립니다. 화끈하네요. 여러분 어떻습니까? 행복합니까?"

"네!"

사람들이 한목소리로 대답하며 박수를 쳤다.

"실제로는 비기기라도 하면 다행이죠?"

박사의 너스레에 다시 한 번 웃음이 터졌다.

"여러분은 강력한 영웅을 좋아합니다. 그런데 왜 슈퍼히어로들은 항상 마지막에 미국 국기를 흔들까요? 이게 다 미국 사람들이 만든 거라서 그렇지 않겠습니까? 미국 사람들은 그 장면에서 열광합니다. 그 순간 그들은 큰 행복감을 느낍니다. 그리고 우리 호주 사람들은 아주 많이 불편해 합니다."

여기저기서 웃음이 터져 나왔다.

"여러분의 기업, 브랜드, 상품이 정말 훌륭해서 악당에 해당하는 어떤 소비자의 고민도 확실히 해결할 수 있다면 어떨까요? 이런 이야기가 영화로 만들어진다면 정말 재미없겠죠. 하지만 비즈니스에서는 아주 재미있습니다. 정말 통쾌합니다. 왜냐하면 우리는 진정으로 그런 슈퍼히어로를 원하고 있거든요! 긴 말이 필요 없습니다. 우리의 골칫거리를 한 방에 무찌르는 슈퍼히어로야말로 비즈니스 스토리텔링에서 제일 확실한 효과를 가져다 줄 것입니다."

스미스 박사의 단호한 이야기에 다들 고개를 끄덕였다. 유진도 예외는 아니었다.

'그래. 비즈니스의 스토리텔링은 달라. 짧고 인상적이어야 해. 그렇다면 슈퍼히어로만큼 강한 인상을 주는 것도 없을 거야. 그렇게 우리의 고민이 확실하게 해소될 수 있다면!'

"다시 한 번 정리해 보겠습니다. 비즈니스에서의 주요 스토리 구조! 바로 천사가 되거나 영웅이 되십시오. 어느 쪽이든 좋은 이야기입니다. 여러분들은 아주 힘이 센 천사나 영웅이 되셔야 합니다!"

다시 한 번 박수 소리가 터져 나왔다. 스미스 박사는 흐뭇한 표정으로 세미나실이 진정되기를 기다렸다.

"그래도 잘 모르겠다는 표정을 지으시는 분들이 있군요. 걱

### 비즈니스 스토리 플롯

**천사형 스토리**

갈등 : 주인공과 악당의 갈등
결말 : 천사의 도움으로 갈등 해결

**영웅형 스토리**

위기 : 악당으로 세상이 혼란함
결말 : 주인공이 악당을 제거하고 세상에 평화가 옴

정 마세요. 제가 좀더 구체적으로 알려 드리죠."

곧이어 비즈니스 스토리 플롯이라고 쓰인 화면이 펼쳐졌다. 앞서 언급한 천사형과 영웅형의 스토리 플롯을 요약한 설명이었다.

"자, 세상은 악당으로 넘쳐 납니다. 그래서 때가 잘 안 지워져요. 바퀴벌레도 많습니다. 휴대전화는 잘 안 터지죠. 물이 샙니다. 정말 자잘한 악당들이지만 심각합니다. 당신들은 천사가 필요합니다. 영웅이면 더 좋겠죠. 어떻게 천사가 될 수 있겠습니까? 사람들이 악당과 싸우고 있습니다. 여러분의 브랜드가 주인공이 악당을 제거하도록 돕습니다. 이제 사람들은 여러분의 브랜드를 좋아하게 됩니다. 영웅형 스토리는 어떨까요? 여러분의 브랜드, 여러분의 상품이 슈퍼파워입니다. 악당들을 무찌르고 세상에 평화를 가져옵니다. 사람들은 여러분의 브랜드를 정말로 좋아하게 됩니다.

바로 이런 짧고 강렬하고 인상적인 메시지를 통해 소비자들은 여러분의 브랜드와 상품에 감동하고 좋은 이미지를 갖게 되어 결국 마음이 움직이는 것입니다. 강력한 스토리는 가치와 감성을 연결시킨다고 했습니다. 아무리 합리적인 생각을 가진 사람도 정작 어떤 판단을 내릴 때는 마음이 끌리는 쪽을 선택하게 됩니다. 왜 그것을 선택했느냐고 물어 보면 그냥 그게 좋을 것 같아서라는 단순한 대답이 돌아올 것입니다. 왜 그것이 그냥 좋았을까요? 그것은 그 사람이 이미 스토리의 마법을 통해 그 브랜드에 대한 특정 이미지를 가지고 있기 때문에 머리가 아닌 마음이 선택을 하게 한 것입니다.

그럼 스토리의 소재는 어디서 찾을까요? 앞서 설명 드렸죠. 바로 마케팅에서 나옵니다. SWOT 분석을 해보십시오. 상대의 약점과 우리 상황의 위기에서 갈등이 만들어집니다. 스토리에 이런 갈등을 담으세요.

자! 우리의 천사, 우리의 슈퍼히어로의 능력은 어디에서 나옵니까? 여러분 브랜드의 강점과 우리에게 주어진 기회로부터 나오는 것입니다. 이 강점과 기회를 극대화할 수 있는 상품의 능력이 슈퍼히어로의 이야기를 만들어 내는 것입니다. 마케팅의 완성은 바로 마케팅 전략을 담아내는 멋진 스토리에서 이뤄집니다. 이제 여러분은 고객들의 마음을 움직일 수 있게 되었습니다! 자, 어떻습니까? 이제 좀 정리가 되시나요? 이것이 바로 스토리의 마법입니다."

여기저기서 박수가 쏟아져 나왔다. 스미스 박사의 한마디 한마디에 힘이 담겨 있었다. 사람들의 표정이 무척이나 밝았다. 다들 무언가 실마리를 찾은 듯한 표정이었다.

"자, 이제 결론입니다!"

갑자기 사람들이 술렁이기 시작했다. 화면에 커다란 물음표가 나왔기 때문이다. 곧이어 '여러분 회사의 스토리'라는 문구가 펼쳐졌다.

"자, 오늘 이 토론회의 목적이 무엇이었습니까? 바로 여러분이 스토리의 마법을 어떻게 하면 업무 또는 회사의 브랜드 이미지에 활용할 수 있을까 하는 것이었죠. 맞습니까?"

사람들이 일제히 "네!" 하고 대답했다.

"그래서 제 토론회의 결론은 바로 여러분들의 스토리를 듣는 것으로 결론을 짓고자 합니다. 자, 어느 분이 스토리를 들려주실까요?"

스미스 박사가 한 명 한 명 참석자들을 바라보았다. 갑작스런 질문에 다들 눈을 피하며 딴청을 부리기 시작했다.

"자, 여기 자신 있어 보이는 사람이 한 명 있군요. 정유진 씨! 이 회사의 스토리를 한번 이야기해 주세요. 앞으로 나오시죠."

유진이 천천히 자리에서 일어나 세미나실 앞에 위치한 강연대 쪽으로 성큼성큼 걸어갔다. 이를 지켜보는 사람들은 유진보다 긴장한 모습이었다. 모두가 신입사원인 유진이 스미스 박사의 질문에 어떤 대답을 할지 궁금해했다.

"안녕하세요, 신입사원 정유진입니다! 제가 이 자리에서 우리 회사에 대한 이야기를 할 수 있는 자격이 되는지는 모르겠습니다. 하지만 그동안 우리 회사를 위한 마케팅을 연구하면서 많은 조사도 했고 나름대로 생각한 게 있기에 말씀드려 보고자 합니다. 사실 스미스 박사님과는 며칠 전에도 스토리를 비즈니스에 활용하는 방법에 대한 이야기를 나눈 적이 있습니다. 물론 오늘 토론회를 통해 좀더 많은 내용을 들을 수 있어서 정말 감사하게 생각합니다.

입사 후 제게 주어진 과제가 있었습니다. 우리 회사를 위한 보다 현실적인 마케팅 전략을 제시하라는 것이었습니다. 그동안 저는 마케터로서 또 세일즈를 하는 사람의 입장에서 무엇을 준비해야 하며 무엇을 공부해야 하는지에만 초점을 두었습니다. 그러나 오늘은 오히려 제가 어떤 백화점의 고객이라고 생각하고 고객의 입장에서 스미스 박사님의 이야기를 경청했습니다. 박사님의 이야기가 고객인 내게 어떻게 와 닿는지를 정말 알고 싶었기 때문입니다.

스토리의 등장인물들이 만들어지고 전체적인 이야기 구조를 갖게 되는 이런 과정들이 내게 주는 의미는 무엇일까? 두 시간 동안의 강연을 듣고 제가 내린 결론은, 아니 제 머릿속에 떠오른 한 가지는 스토리의 마법이 정말로 내 마음을 움직였고, 그 본질은 결국 어렸을 적 읽었던 동화 속 주인공과 독자인 나와의 만남하고도 일치한다는 것이었습니다. 믿음에서 오는 공감이라고 할까요. 어릴 적 동화속의 주인공을 믿고 따르며 느꼈던 고통과 기쁨, 천사의 도움을 마치 내 일인 양 기뻐했던 기억, 악당을 물리쳤을 때 정말로 통쾌했던 그 기분, 원하는 목표를 얻었을 때 주인공과 함께 했던 그 뜨거운 행복이 다시금 느껴졌습니다. 바로 그 믿음이었습니다. 바로 그 공감이었습니다. 그리고 그 속에 우리 S상사의 모습이 보이기 시작했습니다.

'내가 S상사에서 추진하는 어떤 사업의 고객이라면 어떤 스토리에 감동할까? 내가 S상사의 제품을 사용할 때 어떤 스토리를 통해 행복을 느끼고 새로운 문화를 체험할 수 있을까?' 하는 생각들을 했습니다. 분명 제가 원하는 게 있었습니다. 제가 극복하고 싶은 어려움이 있었습니다. 그런 이야기를 담을 수 있다면 S상사는 분명 천사가 되고 영웅이 될 수 있다는 확신이 들었습니다. 우리의 이야기를 담아 고객들의 마음을 움직일 수 있는 스토리의 마법이 가능할 거라는 확신이었습니다. 이렇게 생각하니 어떻게 스토리를 구성해야 할지 감이 왔습니다.

많은 기업들이 스토리를 만들고 또 가지고 있습니다. 목적은 아마도 같을 것입니다. 고객이 좀더 기업의 가치에 공감하도록 하는 것이겠죠. 방금 전 이건우 씨는 한 드링크 회사가 얼마나 어렵게 그리고 어떤 신념을 가지고 창업하게 되었는지를 재미있는 일화를 통해 설명했습니다. 그 이야기는 아주 강력했습니다. 정말 건강 스무디를 위해 인생을 건 사람들이라는 인상을 심어 주었고 많은 사람들의 감동을 얻어 냈습니다. '그래! 인생을 걸고 만든 음료라면 뭔가 다를 것 같다'라는 이미지를 고객의 마음속에 심어 준 것이죠.

그렇다면 우리 회사에는 어떤 스토리가 있을까요? 제가 비록 신입사원이어서 그동안 회사를 다닌 기간이 짧기는 하지만 우리 회사만의 다양한 스토리 소재를 생각해 낼 수 있었습니다.

먼저, 전쟁의 폐허 속에서도 굴하지 않고 모든 것을 버리고 미국으로 떠나 아무도 관심 없던 고철 사업을 시작하고, 그리고 그것을 자원 비즈니스로 키운 초대 회장님의 이야기.

둘째, 남들이 국내 매출에 안주할 때 글로벌 비즈니스를 위해 해외 투자를 아끼지 않아 중동 및 아시아에 많은 해외 법인을 확보하고 많은 외화를 벌어들인 해외 사업팀 이야기.

셋째, 스마트 미디어 시대의 돌입과 더불어 스마트 단말을 통한 새로운 개념의 소셜 커머스를 최초로 홈쇼핑에 도입해 개인에게 직접 다가가는 개인 맞춤형 홈쇼핑 시대를 열게 한 계열사 S홈쇼핑 이야기.

넷째, 고객 만족을 주기 위해 타 회사와 차별화되는 물류 완전 자동화 시스템 및 시분초 책임 배송제를 도입했던, 제가 생각해도 정말 과감한 로지스틱스 사업팀 이야기.

다섯째, 고객을 생각하는 마음으로 과장이나 충동구매를 일으키는 광고를 하지 않도록 철저히 직원을 교육 시키고, 내부심의제도를 강화하고 강력한 소비자 모니터링 제도를 운영해 깨끗한 인터넷 상점 대상을 받은 계열사 인터넷 오픈마켓 이야기.

여섯째, 다양한 사회 봉사활동과 사회 환원을 통해 어려운 사람들의 고통과 아픔을 보살피고 나누는 여기 계신 모든 직원 여러분들의 이야기. 바로 그분들을 위해 여러분이 함께 흘린 눈물과 땀방울에 대한 감동적인 이야기입니다.

기업 이미지에 대한 스토리만 해도 정말 많았습니다. 제가 지금 이런 스토리를 바탕으로 실제로 고객들에게 전달할 감동의 스토리를 만들어 낸다고 생각하니 벌써부터 가슴이 벅차오릅니다. 신입사원 연수를 받으면서 여러 선배님들과 함께 봉사활동을 나간 적이 있습니다. 전 그때의 감동을 잊지 못합니다. 부모 얼굴도 모른 채 버려진 그 아이들이 우리를 보고 'S상사 직원 여러분 고맙습니다!'라고 외치는 순간 흘러나오던 뜨거운 눈물을 잊을 수가 없습니다.

그렇습니다. 제가 먼저 감동해야 합니다. 제가 감동하지 않는다면 어떻게 상대방을 감동시킬 수 있겠습니까. 전 그 중요한 사실을 이제야 깨달은 것 같습니다. 우리의 이야기로, 우리 사업 및 우리 상품의 이야기로 저를 먼저 공감시키겠습니다. 그리고 저를 먼저 감동시키겠습니다. 그렇게 한다면 고객에게 우리의 진심을 이야기할 수 있을 것입니다.

S상사의 직원인 우리는 단순히 상품만을, 단순히 서비스만을 팔지 않겠습니다. 우리의 마음을 담아 우리를 감동시키겠습니다. 그리고 고객에게 다가가겠습니다. 그리고 우리가 감동했던 그런 행복한 이야기를 그분들께도 들려 드리겠습니다. 우리가 만들어 내고자 했던 그런 세상을 만들겠습니다. 그런 새로운 문화로 고객들을 이끌겠습니다. 그것이 바로 우리의 스토리요 또 우리의 경쟁력이라고 생각합니다. 감사합니다!"

세미나실 안이 우레와 같은 박수로 떠나갈 듯했다. 유진은 벅차오르는 마음을 진정할 수 없는 듯 떨리는 손을 꼭 움켜쥐었다. 그녀의 눈가가 붉게 물들었다. 건우가 손가락으로 아랫입술을 잡고 세게 휘파람을 불었다.

"와우! 대단합니다. 자, 이것이 S상사 신입사원의 모습입니다. 저도 감동했습니다!"

스미스 박사도 힘껏 박수를 치며 유진을 격려했다. 큰 박수가 계속해서 이어졌다. 잠시 후 사람들의 환호가 잦아들자 스미스 박사가 다시 이야기를 꺼냈다.

"네, 그렇습니다. 사실 저는 여기 한국에 머무르는 며칠 동안 유진 씨와 적잖은 이야기를 나누었고 또 스토리의 마법에 대해서도 많은 의견을 들었습니다. 저도 많이 배웠습니다. 보시다시

피 유진 씨는 스토리의 마법에 대해 이제 상당 부분 깊이 이해한 것 같습니다. 바로 제가 원하던 바입니다. 이는 제 비즈니스의 핵심이자 제 인간관계의 핵심이기도 합니다. 스토리에는 사람의 마음을 움직이는 마법이 있습니다. 오늘 여러분께 스토리에 대해 이런저런 말씀을 드렸지만 결국 스토리는 진실에서 나오고 사람들의 경험에서 구체화됩니다.

요새 많이 나오는 키워드로 'UX'라는 것이 있습니다. 사용자의 경험을 뜻하는 'User eXperience'의 약자입니다. 물론 이 용어는 제품의 기획에서 사용자 편의성을 강조하면서 나온 개념이지만, 사실은 비즈니스 스토리의 본질이기도 합니다. 특정 상품 및 서비스에 대한 사람들의 다양한 경험이야말로 여러분이 스토리로 만들어야 할 중요한 소재인 것입니다. 새로운 UX를 창조하십시오. 새로운 경험을 만들어 내시기 바랍니다.

브랜드의 스토리도 마찬가지입니다. 방금 유진 씨가 그 좋은 예를 보여 주었습니다. 브랜드의 스토리를 통해 고객을 움직이려면 그 소재 역시 여러분의 경험에서 나와야 합니다. 기업의 경험, 즉 역사에서 나올 수 있는 것이죠. 어떻게 만들어지고 성공했고 실패했는지, 어떤 고객을 만났고 협력업체들과는 어떻게 일하는지, 또 어떤 상품을 기획하고 히트시키고 사람들을 행복하게 해주었으며 지금도 해주고 있는지! 여러분의 이런 진실한 경험들이 결국 여러분 브랜드의 훌륭한 가치를 만들어 내고 고객을 감동시킬 수 있는 것입니다. 소재가 준비되었다면 스토리를 어떻게 만드냐구요? 그것은 이미 앞에서 다 말씀 드렸죠. 극적이고 흥미 있는 요소를 넣어 구성하시면 됩니다.

자, 긴 시간 토론회에 함께 해 주셔서 감사합니다. 왜 강연회나 세미나가 아니고 토론회라고 하는지 이제 여러분도 깨달으셨을 겁니다. 저도 오늘 많이 배웠습니다. 좋은 의견 주신 많은 분들께 감사드립니다. 시간이 없어서 뭔가 말씀하시고 싶은 분들의 의견을 충분히 듣지는 못하지만, 아쉬워하지 않으셔도 됩니다. 여러분이 의견을 나눌 사람은 바로 여러분의 동료들이기 때문입니다. 전 그 준비만 해놓은 셈이죠. 이제 여러분은 서로의 경험을 나누면서 여러분이 원하는 스토리를 만드셔야 합니다. 서로를 감동시키고 나아가 여러분의 고객을 감동시킬 수 있는 그런 스토리 말입니다. 다시 한 번 말씀드립니다. 스토리의 재료는 어디 있습니까? 여러분의 경험에 있습니다. 여러분의 강점과 약점 그리고 우리 주변의 상황과 위기, 기회 이런 것들이 모두 여러분 스토리의 재료입니다. 스토리의 마법! 여러분은 이미 알고 계십니다.

그래도 스토리의 마법에 대해 궁금하신 점이 있으시다면 여기 뛰어난 발표를 해주신 스토리 전문가 정유진 씨에게 상의해 주세요!"

사람들이 흐뭇한 눈길로 유진을 바라보았다. 유진은 여전히 쑥스러운 표정을 지으며 자신의 머리를 매만졌다.

"오랜 시간 경청해 주셔서 감사합니다."

예의바르게 인사하는 스미스 박사를 향해 사람들이 일어서서 뜨거운 박수를 보냈다. 허 팀장도 박수를 치며 만족스러운 표정으로 스미스 박사와 유진을 바라보았다. 유진은 사람들의 시선이 부끄럽기도 했지만 한편으로는 자신의 좋은 모습을 보여줄 수 있는 기회가 되어서 무척이나 기뻤다.

토론회가 끝나고 허 팀장은 스미스 박사와 이런저런 이야기를 나누었다. 그러고는 유진에게 다가와 물었다.

"자네 이제 우리 회사에 들어온 지 한 달 정도 됐나?"

"네, 정확히는 3주 조금 넘었습니다."

"오늘 아주 마음에 드는 일을 했네. 귀중한 분을 모셔 와서 우리 팀원들에게도 좋은 공부를 할 수 있는 기회를 주었어. 그리고 무엇보다 자네가 비즈니스맨의 기본 마인드인 사람의 마음을 움직이는 방법에 대해 충분히 이해한 것 같으니 더 이상 내가 마케팅 가지고 지적할 필요는 없겠어. 그동안 수고했고 앞으로 우리 팀에 많은 기여를 할 거라고 기대하겠네."

유진이 허 팀장에게서 처음으로 듣는 칭찬이었다. 누가 봐도 칭찬이었다. 그것도 까다롭기로 유명한 허 팀장에게 받은 칭찬이다. 유진의 눈에 눈물이 그렁그렁 맺혔다.

"네, 팀장님. 팀장님 덕분에 마케팅 공부를 시작하게 됐어요. 그리고 '마케팅에 대한 공부는 결국 사람에 대한 공부'라는 것을 깨닫게 되었습니다. 그리고 오늘 사람의 마음을 움직이는 마법 같은 힘에 대해서도 깨닫게 되었어요. 전 팀장님의 판단이 옳았다고 생각합니다. 3주 전의 제 모습은 정말 아무것도 모르는 풋내기였습니다. 그저 시키는 일만 하면 되겠지 하던 소극적인 철부지였죠. 하지만 이제 달라졌습니다. 물론 3주 사이에 제가 특별한 사람이 된 건 아닙니다. 그래도 최소한 제가 우리 회사를 위해 어떤 일을 할 수 있을지, 또 S상사가 나아갈 방향이 무엇인지 깨닫게 되었습니다. 정말 소중한 경험이었다고 생각합니다. 팀장님, 앞으로도 많은 조언 부탁드립니다. 저도 팀장님의 기대에 부응하도록 열심히 노력하겠습니다."

허 팀장은 연신 미소를 지으며 유진의 어깨를 툭 치고는 만족한 듯한 표정으로 세미나실을 나갔다. 옆에서 지켜보던 건우와 서연이 유진에게 다가와 축하해 주었다. 유진은 그동안 힘든 과정을 함께 해준 친구들에게 고마운 마음을 전했다. 그리고 무엇보다도 큰 도움을 준 스미스 박사에게 감사했다. 유진이 밝게 웃으며 스미스 박사 곁으로 다가 갔다.

"스미스 박사님, 정말 고맙습니다. 이게 다 박사님 덕분이에요. 마치 새로 태어난 기분이라고나 할까요?"

"아닙니다, 유진. 오늘 아주 멋졌습니다. 그리고 열심히 내 이야기를 들어 주어서 고맙습니다."

"박사님, 저도 강의 잘 들었습니다."

옆에 있던 서연도 스미스 박사에게 감사의 인사를 했다.

"사실 저희 언니가 보험설계사예요. 보험이라는 상품이 너무 좋아서 시작했던 일인데 고객에 대해 제대로 대응할 수 없어서 요즘 너무 힘들어 하고 있었거든요. 오늘 박사님의 강의를 들으면서 많은 생각을 했습니다. 한번 언니 입장이 되어 생각해 봤어요. 진심으로 언니의 입장에서 어떻게 하면 상품의 설계 내용을 고객들에게 전달할 수 있을까? 이야기를 나눌 시간이 조금이라도 있다면 충분히 감동적인 스토리를 만들어서 전달할 수 있을 거라는 확신이 들었죠. 물론 상담을 통해 개개인에 맞는 세부 설계를 하는 건 언니의 몫이지만 제가 언니를 도울 수 있는 중요한 무언가를 깨달은 것 같아요."

스미스 박사가 고개를 끄덕였다.

"그렇습니다. 특히 보험이나 자동차처럼 고객들의 생활과 인생 설계에 밀접한 관련이 있는 상품일수록 진정성 있는 스토리의 중요성은 커집니다."

"서연아, 그렇다고 너 회사 그만두고 언니를 따라가는 건 아니지?"

유진이 웃으며 서연에게 물었다. 서연 역시 활짝 웃으며 대답했다.

"걱정 마. 난 S상사에서 내 능력을 인정받겠어. 최초의 여자 임원이 되고 싶어. 아마 유진의 가장 큰 경쟁 상대가 되지 않을까?"

유진은 문제없다는 듯 고개를 끄덕였다. 옆에 서 있던 건우도 한마디 거들었다.

"뭐야, 이거 두 사람만 경쟁하는 건가? 20년 후 사장 후보 이건우를 너무 무시하는 거 아냐?"

세 사람은 서로를 바라보며 웃음을 터뜨렸다. 스미스 박사도 흐뭇한 표정으로 세 사람을 바라보았다.

"참, 박사님. 내일은 어떻게 하실 건가요?"

유진이 스미스 박사에게 물었다.

"아, 나는 내일 서울의 상점과 백화점을 다니면서 시장조사를 하려고 합니다. 이제 출국이 얼마 남지 않았으니까요."

"스미스 박사님, 오늘 정말 감사했습니다. 그리고 팀장님 앞에서 칭찬해 주셔서 감사해요. 팀장님께서 그렇게 좋게 이야기해 주실지 꿈에도 몰랐어요."

"저도 감사드려요, 박사님."

건우와 서연도 스미스 박사에게 감사의 인사를 했다. 스미스 박사는 고개를 설레설레 흔들었다.

"아닙니다. 이렇게 훌륭하신 분들인데 당연히 칭찬을 해드려야죠. 보석은 잘 닦아 주어야 빛이 난답니다. 어떤 보석도 정성스럽게 닦고 관심을 가져 주지 않으면 그저 그런 돌일 뿐이죠. 여러분들이 더욱더 빛나는 보석이 되기를 기대합니다. 앞으로도 유진과 함께 최고의 기업에서 좋은 활약 기대하겠습니다."

스미스 박사는 사람들과 인사를 나누고 택시를 타기 위해 엘리베이터를 탔다.

"유진도 내일 시간 되면 같이 갑시다. 가서 나와 함께 스토리의 마법 실제 사례들을 한번 보자구요."

"아, 정말요? 내일은 오후에 휴가를 내야겠어요."

스미스 박사의 뜻밖의 제안에 유진은 벌써부터 마음이 설렜다. '스토리의 마법'의 실제 사례라. 과연 어떤 식으로 활용되고 있을까?

**Yujin's Memo**

### 스토리의 마법 ④
# 비즈니스 스토리 마법

- **비즈니스 스토리의 목표**
  브랜드의 이미지 전달
  상품의 성능과 이미지 전달
  상품을 이용한 라이프 스타일 제시

- **이노센트 드링크 사례**
  창업 스토리 : "이 스무디를 만들기 위해 우리가 회사를 그만두어야 된다고 생각합니까?"

- **비즈니스 스토리의 구조 1 - 천사형**
  천사(비즈니스) - 주인공 ↔ 악마
  갈등 : 주인공과 악당의 갈등
  결말 : 천사의 도움으로 갈등 해결

- **비즈니스 스토리의 구조 2 - 영웅형**
  주인공(비즈니스) ↔ 악마
  위기 : 악당으로 세상이 혼란함
  결말 : 주인공이 악당을 제거하고 세상에 평화

- **회사의 스토리를 만드는 소재**
  회사와 직원들의 경험/역사 - 성공, 실패
  회사와 고객, 경쟁사에 대한 SWOT 분석 결과
  고객, 협력업체, 상품에 담긴 일화 등

**STORY...** 스토리의 마법 5
# 곳곳에 숨겨진 스토리 찾아내기

● ●

해답은 백화점, 마트
그리고 바로 당신 옆의 사람들에게 있다

평일에도 명동 거리는 외국인들로 넘쳐 났다. 유진은 혼잡한 틈을 비집고 스미스 박사와의 약속에 늦지 않기 위해 발길을 서둘렀다. 시계탑 아래서 만나기로 한 유진이 시계를 보았다.

"오늘은 안 늦겠구나. 한 10분 일찍 도착하겠는걸."

하지만 멀리서 보니 스미스 박사는 이미 시계탑에 도착해 주위에 쇼핑하는 일본 사람들과 대화를 나누고 있었다.

"박사님, 벌써 오셨네요!"

"아, 유진, 사실은 이곳에 오전에 왔습니다. 좀 전까지는 근처 대형 마트에서 시장조사를 했고 오늘 오후에는 명동 쪽 매장과 백화점을 찾아볼까 합니다."

**대형 마트의 스토리**

"대형 마트에서는 어떤 특별한 걸 찾으셨나요?"

"POP가 인상적이더군요. POP가 뭔지 알죠?"

"네, 'Point Of Purchase' 구매시점을 뜻한다고 알고 있어요. 주로 저관여 상품들이 대상이 되겠죠? 소비자들의 충동구매를 유도하기 위한 광고판이나 광고가 있는 기구물을 의미한다고 들었습니다."

유진은 아는 용어가 나와서 그런지 신이 나서 거침없이 대답했다.

"잘 알고 있군요. 좋습니다. POP에 담겨 있는 광고 메시지들이 좋았어요. 몇 년 전 방문한 일본의 마트에서도 비슷한 느낌을 받았었는데요, 상품 홍보를 무척 적극적이고 눈에 띄게 하더군요. 심지어는 홍보 직원까지 배치했더군요. 재미있었습니다. 시식도 많이 했구요."

유진은 스미스 박사의 이야기를 매우 흥미롭게 경청했다.

"그리고 호주와 비교하자면, 마트에 사람이 정말 많고 또 물건들이 체계적으로 잘 진열된 게 인상적이었습니다. 덕분에 요새 한국에서 유행하는 상품들에 대해서도 충분히 살펴볼 수 있었습니다. 전 주로 매장에서 상품의 배열을 봅니다. 한국 마트의 특징은 2층으로 구성해 가까운 층에는 주로 식품과 주방용품을 그리고 위층에는 가전, 인테리어, 스포츠 등의 용품을 진열해 놓는다는 점입니다. 카메라의 비디오 기능을 이용해서 한 10여 분 정도씩 관심 있는 매장들을 넓게 화면에 담아 봤습니다. 왜 그랬는지 알겠습니까?"

"글쎄요, 잘 모르겠는데요. 사람들이 얼마나 많이 들어오는지 조사하신 건가요?"

유진의 대답에 스미스 박사가 미소를 지었다.

"제가 매장을 촬영하는 목적은 다음과 같습니다. 첫째는 소비자의 시선을 따라 매장을 보기 위해서입니다. 입구에서부터 계산대까지의 제품의 배치를 우선 살펴봅니다. 대부분 제품 배치에 마트의 판매 노하우가 잘 담겨 있거든요. 수많은 시행착오를 거치며 만들어진 제품 배치 노하우일 것입니다.

둘째는 사람들이 어떤 상품을 주로 구매하는지 관찰하는 것입니다. 남성은 어떤 쪽으로, 여성들은 어떤 쪽으로 가는지 그리고 어떤 상품을 많이 사는지 등이죠. 바로 이 부분이 판매자의 노하우와 소비자가 만나는 포인트입니다. 매출이 주로 어디서 일어나는지 알 수 있죠.

셋째는 사람들이 대체로 어떤 동선으로 움직이는지를 보는 것입니다. 어느 쪽에서 와서 어느 쪽으로 가는지 그리고 어떤 물건, 어떤 POP에 관심을 보이고 멈춰 서는지 등이죠.

　단순한 관찰이지만 이를 통해 그 매장에서의 돈의 흐름을 볼 수 있습니다. 근사하죠. 전 이게 마트의 스토리라고 생각합니다. 유진도 시간 많을 때 재미로 한번 지켜보세요. 일이라고 생각하지 않고 봐도 충분히 재미있습니다.

　사실 호주에서 제가 컨설팅 할 때는 CCTV나 특별히 설치한 비디오카메라 등이 동원됩니다. 며칠 동안 구석구석 촬영을 하죠. 물론 이건 판매자 측에서 요구할 때 가능한 일입니다. 전 프로입니다. 아주 철저하게 분석을 하고 필요하다면 배치를 바꾸어 가면서 사람들의 변화를 관찰합니다. 비록 시간이 많이 걸리기는 하지만 각 매장마다 사람들의 구매 패턴이 어떤 경향을 보인다는 가정 아래 매우 의미 있는 분석 결과를 얻을 수 있습니다."

　"우와, 대단하시네요. 그렇게도 분석을 하시는군요. 단순히 스토리의 마법만 하시는 줄 알았더니, 다양한 종류의 컨설팅을 하시네요. 그런데 마트에서 촬영을 허락해 주던가요? 전 마트에서 뭐 하나 찍으려고 해도 직원들이 와서 찍지 말라고 그러던데요."

　"물론 참고하기 위해 찍은 거라 정식으로 허가를 받은 건 아닙니다. 전 오직 판매자가 요구할 때만 본격적으로 작업을 합니다. 오늘은 그냥 화장실 주변에 사람들이 별로 없는 곳에서 티 나지 않을 정도만 찍었습니다. 그냥 단순한 관심 차원입니다."

스미스 박사는 아무것도 아니라는 듯 순진한 표정을 지으며 웃었다.

"박사님은 마트를 바라보고만 계셔도 마트의 스토리가 보인다고 하시는데 전 훈련이 좀 필요할 것 같아요. 다른 스토리들은 어디 있을까요? 이렇게 돌아다니다 보면 볼 수 있는 건가요?"

유진이 다시 조급해졌다. 스미스 박사처럼 즐기면서 돌아다닐 수 있는 여유가 없었기 때문이다.

"당연하죠. 유진은 잘 모르겠지만 스토리를 이용한 마케팅은 이미 오래전부터 우리 주변에 자리 잡고 있습니다. 많은 사업자들이 그런 노하우를 활용한 마케팅을 이미 진행하고 있는 거죠. 자, 우리 하나씩 찾아봅시다."

"박사님 말씀대로라면 저도 이미 상대방이 준비해 놓은 스토리의 마법에 많이 설득되었겠군요."

"아마도 그럴 겁니다. 그들은 프로거든요."

스미스 박사가 껄껄 소리 내어 웃었다.

**상점들의 스토리**

두 사람은 명동의 각 매장을 살펴보았다. 스미스 박사는 주로 사람들이 많이 모이는 매장들을 집중적으로 관찰하는 느낌이었다. 사진을 앞에서도 찍고 옆에서도 찍고 또 주변 전체를 하나의 화면에 담기도 하고, 매우 세심하게 관찰하는 것 같았다. 들어갔다 나오는 사람들에게 이것저것 묻기도 했다. 영어, 일본어, 한국어를 구사하다 보니 서양인이든 동양인이든 누구하고도 이야기가 가능했다.

"이렇게 사진에 담는 이유는 매출에 영향을 주는 다양한 요소를 보기 위해서입니다. 일단 첫인상이 중요합니다. 고객을 처음 만났을 때 들려주는 이야기가 아주 중요하죠. 어떤 매장은 간판에서부터 옛날이야기를 들려주는 곳도 있습니다. 디스플레이에서 봄날의 소풍을, 이태리풍의 평화로운 저녁의 모습을 보여 주기도 합니다. 그리고 어떤 매장은 유럽의 어느 나라로 우리를 데려다 주기도 합니다. 이런 것들이 매장이 우리에게 제일 먼저 들려주는 스토리입니다."

유진은 주변을 둘러보았다. 물론 평범한 상점들도 많았다. 개성 없는 프랜차이즈 상점들도 꽤 눈에 들어왔다. 하지만 자세히 보니, 특히 옷가게들 중에 스미스 박사가 말하는 다양한 이야기를 속삭이는 것 같은 상점들이 눈에 들어왔다. 정말 간판과 인테리어, 전시되어 있는 유리창 너머의 소품들이 내게 이야기를 하고 있는 것 같았다. 유진에게는 신선한 충격이었다. 스미스 박사도 연신 사진을 찍으며 계속해서 말을 이었다.

"그리고 저는 관심 있는 상점들은 지도 위에 표시해 놓죠. 이걸 통해서 지리적인 위치, 주변 매장들과의 조화 등도 볼 수 있습니다. 요새는 로드 뷰가 제공되니까 인터넷으로 다시 한 번 찾아볼 수도 있죠. 물론 그 사진들은 좀 오래된 것일 수도 있고 내가 직접 보고 찍은 느낌은 잘 나지 않죠.

그리고 매장에 들어가 봅니다. 전시된 상품들과 그 옆에 상품에 대한 설명 또는 직원들이 내게 들려주는 이야기에 빠져 봅니다. 내가 얼마나 빠져들 수 있는지를 보는 거죠. 그리고 실제로 상품을 구매한 사람들을 봅니다. 어떤 상품들을 사는지, 얼마나 빨리 사는지, 무엇을 가지고 고민하는지, 주인과 무엇을 흥정하는지 가끔은 고객들에게 직접 물어 보기도 합니다. 고객과의 면담을 통해 얻은 그들의 매장에 대한 그리고 상품에 대한 솔직한 느낌이 담긴 이야기를 제 노트에 세심하게 기록합니다. 그럼 제가 예상한 매장과 상품에 대한 생각과 고객의 생각을 비교할 수 있죠.

이런 과정을 통해 제가 고객이 되어 봄으로써 고객의 눈높이를 이해하는 것입니다. 그러다 보면 어느새 제 안에 여러 소비자의 목소리가 담기게 됩니다. 그럼 이제 저는 그 소비자들의 목소리로 다양한 마케팅을 위한 컨설팅을 하게 되는 것입니다. 제 노하우는 이렇습니다. 바로 시장과 사람에 대한 면밀한 관찰과 그들의 이야기를 듣는 것에서부터 시작합니다."

유진은 무척이나 감탄스러웠다. 역시 보통사람이 아니었다. 스미스 박사는 사물뿐 아니라 주변 모든 것에 관심을 갖고 또 그것들과 대화를 하고 있었다. 그것들에 담긴 이야기, 또 그들이 하는 이야기를 듣는 것이다. 그렇다. 이른바 우리가 말하는 천재들은 관심이 많은 사람들이다. 그리고 그 다양한 관심 속에서 공통된 무언가를 찾아내고 남들이 생각하지 못하는 기발한 발상을 해내는 그런 사람들이 천재인 것이다. 스미스 박사는 정말 천재였다.

'일상에서 만나는 수많은 정보들을 담아 이야기를 만든다는 것이구나! 그리고 그 이야기는 사람들이 하는 것이며 사람들이 듣고 싶어 하는 이야기라는 것!'

유진도 사람들을 살펴보기 시작했다. 노점에서 이것저것 만져 보고 걸어 보고 끼워 보며 행복해하는 사람들의 모습을 보았다. 서로 나누는 대화도 들어 보았다. 저렇게 많은 사람들의 이야기를 듣고 살피다 보면 사람들이 어떤 것을 기대하는지 또는 어떤 것에 감동하고 만족하는지 알아낼 수 있으리라! 어떻게 하면 그들을 감동시킬 수 있을지도 알아낼 수 있으리라!

**POP에 담긴 스토리**

두 사람은 계속해서 명동 주변을 둘러보았다. 자세히 보니 각 상점의 POP에도 재미있고 인상 깊은 문구들이 많았다. 무엇보다도 한창 인기 중인 코미디 프로그램의 유행어들이 눈길을 끌었다. 그렇다. POP의 첫 번째 목적은 사람들의 눈길을 끄는 것이므로 재미있고 재치 있는 문구들로 시선을 끄는 게 당연했다.

**유행어 스타일 POP**
'여기저기 다녀 봐야 개고생입니다'
→ 돌아다니다 지친 사람이 보면 공감할 수 있는 내용
'안 써봤으면 말을 하지 마세요'
→ 코미디 프로그램에서 유행하는 형태의 문구
'방송국 맛집으로 소개되고 싶은 집'
→ 오해 유발형 멘트

**대화형 스타일 POP**
'금연해 주셔서 감사합니다'
→ 먼저 감사함으로써 흡연자들의 양보를 권함

> '선물을 생각하신다면 이것'
> → 여자 친구의 선물을 고르는 남자의 고민 해결
> '최고 인기 상품' 오늘만 특가'
> → 전통적인 유인 문구

스미스 박사가 몇 개의 POP를 가리키며 말했다.

"최고 인기 상품, 오늘만 특가! 역시 이런 유의 멘트는 무엇을 살지 고민하는 상황에서 확실한 한 방입니다. 이건 호주에서도 마찬가지에요. 아주 강력하죠. 사실 손님들은 수많은 물건 중에 무엇을 살지 고민하게 됩니다. 그런 상황에서 이런 문구를 보면 마치 마법에 걸린 듯 집어 들게 되고 크게 자신의 기대를 벗어나지 않으면 그냥 계산대로 가져가는 것이죠. 물론 이런 식으로 구매한 상품을 집에 가져가서 보니 실망스럽더라 하면 이런 고객은 단골이 되기 힘들겠죠. 그래서 상점 입장에서도 정말로 미는 상품 아니고서야 웬만해서는 저런 문구를 붙이지 않을 겁니다. 뜨내기손님들만 상대하는 매장은 예외겠죠. 사람들은 저 문구 앞에서 주저할 테고 그만큼 나약해집니다. 이때 옆에서 거드는 점원의 한마디가 그 사람의 마음에 큰 동요를 일으키게 됩니다."

"MOT이군요!"

"맞습니다. 'Moment of Truth!' 그러니 점원은 괜히 고객들을 귀찮게 할 필요가 없습니다. 그것보다는 지켜보고 있다가 결정적인 한 방을 날리는 센스가 필요한 거죠."

"결국 사람들의 시선을 끄는 이 짧은 한마디에도 정말 스토리가 담길 수 있겠군요. 상점에서의 POP에는 영향력 있는 짧은 스토리나 강력한 메시지가 담겨 있어야겠어요!"

스미스 박사는 특히 점원들이 고객에게 하는 말에 집중했다. 때로는 점원들의 고객 대응 방법을 직접 접해 보기 위해 이것저것 묻기도 했다.

"사실 점원들을 살펴보면 스토리를 잘 구사하는 사람이 매출을 많이 올린다는 사실을 알 수 있습니다. 고객은 어떤 사람입니까? 일단은 물건을 사려는 의사가 있는 사람 아닙니까? 비록 구경만 하러 왔다고 해도 언젠가는 살 테니까요. 그렇다고 보면 이미 반은 넘어와 있는 단계인데도 불구하고 적절한 스토리를 이야기하지 못해 결국 고객을 놓치는 점원들이 부지기수입니다."

스미스 박사의 매장 점원들에 대한 소감이었다. 유진 역시 공감하는 바가 컸다.

"그리고 보면 TV 홈쇼핑의 쇼핑호스트가 정말 어려운 직업이군요. 편하게 누워 TV를 보는 사람들을 일으켜 세워 전화기를 들고 주문하게 만들어야 하니까요."

유진의 비유에 스미스 박사가 미소를 지었다.

"그렇습니다. 쇼핑호스트야 말로 스토리를 아주 흥미진진하게 전하는 사람이죠. 한마디로 스토리텔러입니다. 그런데 그거 아세요? 쇼핑호스트의 멘트는 MOT이자 POP입니다. 왜냐하면 그들의 한마디에 사람들은 마음을 열어 갑자기 상품에 관심을 갖게 되고, 그들의 한마디에 바로 카트에 담을 새도 없이 결제를 하기 때문입니다. 그래서 그들의 멘트에는 상점의 POP 같은 짧고 인상적인 스토리를 담아야 하고 그 이야기를 시청자들에게 들려주어야 하죠."

**수족관의 스토리**

"유진! 이걸 보세요."

스미스 박사가 옆 광고물에 붙어 있는 수족관 행사 홍보물을 가리켰다.

"유진이 봐도 단순한 홍보물이 아니죠? 바다 왕국의 재미있는 스토리입니다. 아이들이 무척 흥미 있어 하지 않겠어요? 물론 엄마가 제대로 전달해 주어야겠지만요."

유진은 스미스 박사가 건네는 광고물을 읽어 보았다. '바다에 대해 무엇이든 다 안다는 푼수 공주의 이야기가 펼쳐지는 수족관'이라는 내용의 홍보물이었다.

"아, 그렇군요. 바닷속 왕궁의 이야기를 이런 식으로 담아냈군요. 재미있는 시도인데요? 수족관이라면 그냥 큰 물고기를 많이 보는 곳이라고 생각했는데, 이런 재미있는 쇼가 있다면 아이들이 정말 좋아하겠어요. 흥미로워요!"

스미스 박사는 유진의 대답에 고개를 끄덕였다.

"단순히 '수족관에 오십시오. 최고의 시설과 수많은 물고기들이 있습니다!' 이런 카피는 진부하죠. 물론 볼 게 없는 여행객들은 그것만으로도 설레겠지만요."

유진은 스미스 박사의 말에 웃음이 터졌다. 사실 여행하다 보면 수족관이 있다는 것만으로도 보고 싶어지기는 하기 때문이다.

"아이들에게 수족관을 좀더 환상적인 공간으로 보여 주면 얼마나 좋겠습니까? 여기에도 주인공인 바다 공주가 있고, 악당이 있고 또 우리의 주인공을 지켜줄 수호천사 요정이 있지 않습니까? 정말 흥미진진한 살아 있는 이야기죠. 이렇게 주말 한나절 아이들과 보내고 나면 아이들은 이 수족관에서 새로운 꿈과 희망을 담아갈 것입니다. 이것이 바로 스토리의 힘이고 스토리의 마법입니다. 그냥 물고기 잘 봤다 하고 가는 것과는 천지 차이죠."

유진이 고개를 끄덕였다. 스미스 박사가 갑자기 사진기를 유진에게 들이 밀었다.

"유진에게 보여 줄 게 있습니다. 아마 흥미로울 거예요."

유진은 스미스 박사가 보여 주는 사진에 주의를 기울였다.

**공원의 스토리**

"유진! 혹시 기억합니까? 내가 처음 공항에서 호텔로 갈 때 우리 호텔 근처에 커다란 구름다리 보고 감탄했던 것."

"아, 기억나요. 육교 아니었나요? 한국엔 그런 식으로 건널목을 많이 만들어요. 그럼 신호등이 필요 없어서 길이 덜 막히거든요."

스미스 박사가 고개를 설레설레 흔들었다.

"그런 게 아닙니다. 여기 사진을 잘 보면 길 양옆이 산이죠? 이건 산과 산을 잇는 통로이자 터널입니다. 자연과 자연을 이어 주는 중요한 공간인 것이죠."

유진이 다시 사진을 들여다보았다. 정말로 산과 산이 이어지는 길이었다. 아마도 처음 길을 낼 때 산과 산 사이를 잘라 내어 만든 길이었나 보다.

"그런데 다리가 세련되어 보이는 게 최근에 만들어진 것 같은데요. 조명도 화려하게 장식되어 있고."

스미스 박사가 고개를 끄덕였다.

"호텔 주변이라 아침에 이곳으로 걸어서 산책을 갔었습니다. 등산로로 올라갔더니 역시나 꼭대기에서 이쪽 통로로 이어지더군요. 그곳에 스토리 보드가 있었어요. 이 통로는 누에고치를 형상화했다고 합니다. 그래서 누에다리입니다. 이 지역이 원래는 누에로 유명한 곳이더군요. 물론 지금은 아파트 숲이지만 아마도 그런 역사를 갖고 있는 곳인가 봅니다."

"그럼 누에다리의 스토리는 단순히 그 지역의 역사를 보여주기 위한 것인가요? 갈등 요소는 없나요? 어떤 메시지를 전달하려고 하는 거죠?"

유진의 질문이 계속되자 스미스 박사도 잠시 생각에 잠겼다.

"최근 세계적으로 도심을 축소하고 자연을 복원하려는 노력을 많이 하고 있습니다. 그동안 인간이 도시를 건설하고 길을 내면서 자연을 파괴했다면 이제 다시 나무를 심고 과거 역사의 뿌리를 찾아가려는 것이죠. 아마 그런 노력의 일환이라고 생각합니다. 갈라져 있는 산과 산, 이것이 갈등이죠. 이런 갈등을 극복하기 위해 다리를 놓았습니다. 이제 사람도, 동물도 끊어져 있던 저 건너편 산으로 옮겨 갈 수 있게 됐죠. 그리고 그

생태 다리의 상징이 바로 이 지역의 역사이고 뿌리인 것입니다. 산이 이어지고 바로 우리의 추억을 되찾는 것이죠. 물론 너무 현대적으로 지어졌고 조명을 화려하게 해놓아서 자연적인 맛이 없는 게 단점이기는 하죠."

"그렇군요. 그래도 지역 주민들에겐 정말 의미가 있겠어요."

유진이 고개를 끄덕였다.

"또 한 가지 더 있습니다. 바로 비행장 이야기입니다."

"공항 말씀이신가요?"

스미스 박사가 고개를 가로저었다.

"아닙니다. 바로 유진 회사 앞에 있는 한강 공원 비행장 이야기입니다."

"여의도에 비행장이 있다구요? 처음 들어보는 이야기인데요?"

유진은 무척 궁금했다. 여의도 비행장은 들어본 적이 없기 때문이다.

"유진도 이제 주변에 관심을 많이 가져야합니다. 자, 여기 사진들을 보세요."

스미스 박사가 보여 주는 사진에는 영어 알파벳이 나열된 표지판과 바람 방향을 보여 주는 풍향계 같은 것들이 있었다.

"이게 뭐죠?"

"아, 비행기를 자주 타지 않아서 모를 수도 있겠군요. 호주는 워낙 땅이 큰 나라라서 비행기로 이동하는 게 일상화되어 있죠. 심지어는 활주로로 걸어 나가서 타야 하는 작은 비행기도 있습니다. 이 표지들은 비행기 활주로에서 볼 수 있는 것들입니다. '택시 웨이 사인Taxi Way Sign'이라고 하죠. 유진과 S상사로 가던 날 전 이 표지판들을 한강변 잔디밭에서 봤습니다. 그래서 궁금했죠. 비행기들이 잔디밭에 내리는 줄 알았습니다. 격납고도 어디 있나 찾아봤죠."

"정말요? 이런 것들이 한강 공원에 있었나요?"

"이건 내가 어제 세미나를 마치고 호텔로 돌아가다 찍은 사진들입니다. 택시 기사는 아시더군요. 이곳이 일제강점기 때 비행장이었고 그 당시 조선인 비행사가 하늘을 날아 국민들에게 희망을 주었다는 이야기를 해주더군요. 안창남이라는 비행사입니다. 제가 구글에서 찾아봤습니다."

유진이 깜짝 놀랐다.

"그런 역사가 있었군요. 저도 전혀 몰랐습니다."

"잠시 택시에서 내려 살펴보았는데 작은 터널과 함께 간단한 설명이 있기는 하더군요. 시간 되면 한번 내려가 보세요. 어쨌든 여의도 비행장을 기념하기 위한 조형물이라고 합니다. 전 비행을 많이 해서인지 감회가 남달랐습니다. 이 사진에서처럼 대합실 의자 같은 조형물에 앉아서 기다리고 있으면 어디선가 조그만 비행기가 날아와 여의도 하늘을 크게 두 바퀴 회전한 다음 이 푸른 잔디밭 위로 털털털 소리를 내며 내려올 것 같더군요. 그럼 나는 잔디밭을 척척 걸어갑니다. 그러고는 그 비행기의 문을 열고 힘차게 오르는 것이죠. 어떻습니까? 그런 상상을 해봤습니다."

"어쩜, 정말 낭만적이에요. 마치 영화 속의 한 장면 같아요!"

유진이 몹시 감탄했다. 스미스 박사는 여전히 비행기에 빠져 있는 것 같았다.

"바로 그런 게 스토리의 마법입니다. 이 비행기의 이야기가 제 다리를 붙잡았습니다. 제 눈앞에 비행기를 내려 주었고, 제게 잔디 위에서 비행기에 오르는 상상을 하도록 만들어 주었습니다. 아마도 저처럼 비행기를 많이 타는 사람이라면 이 택시웨이 사인들을 보고 분명 저와 같은 상상에 빠질 겁니다. 유진도 내 이야기를 듣기 전에는 몰랐겠지만, 이제는 그 잔디밭을 지날 때마다 나처럼 잔디밭을 달려 날아오르는 비행기를 떠올리게 될 겁니다."

유진은 스미스 박사의 말에 저절로 고개가 끄덕여졌다. 정작 자신은 지난 3주간 매일 버스로 또 택시로 여의도를 지나면서 그런 상상을 한 번도 해본 적이 없었기 때문이다. 유진은 '이것이 바로 스토리의 마법이구나!' 하고 생각했다.

**광고의 스토리**
|

스미스 박사와의 명동 산책은 계속 됐다. 잠시 쉬기 위해 두 사람은 커피 전문점에 자리를 잡았다. 그때 스미스 박사의 눈에 들어오는 것이 있었다.

"이런 광고 정말 좋습니다. 어떻습니까?"

길가 옆 버스정류장에 크게 붙어 있는 카메라 회사 광고였다. 행복한 표정으로 아기를 바라보는 엄마 그리고 그런 장면을 카메라로 찍고 있는 아빠의 모습으로 구성되어 있었다.

"참 따뜻한 느낌이네요. 자, 저도 박사님처럼 풀어 보겠습니다. 제가 마음으로 느껴 본 이야기입니다. '이렇게 예쁜 아기와의 행복한 시간을 이 카메라로 담아서 언제까지나 예쁘게 간직하십시오!' 이런 이야기죠?"

"네, 그렇습니다. 해석이 아주 좋습니다. 유진이 지금 이야기한 대로 사람들은 이 광고 속 세 컷의 그림을 보면 화목한 가정의 모습이 어떻게 사진으로 담길 수 있는지 그리고 그 중요한 역할을 할 천사가 누구인지 한 번에 알아본답니다. 우리의 안 보이는 적은 누구입니까? 바로 순식간에 사라져버리는 야

속한 시간이죠. 이 아름다운 순간들, 행복한 순간들을 어떻게 하면 놓치지 않을 수 있을까요? 바로 그것을 도와줄 천사가 카메라입니다. 이렇게 우리는 행복한 모습을 영원히 남길 수 있는 거죠. 이 사진 속 스토리를 통해 부모가 예쁜 아기의 모습을 간직하기 위해 무엇을 할 수 있는지를 보여 주는 좋은 스토리라고 생각합니다. 아기를 둔 아빠 엄마라면 아마 이 광고를 보고 솔깃할 겁니다."

유진도 광고물을 다시 한 번 꼼꼼하게 살펴보았다. 몇 컷의 사진이지만 의외로 공들인 구성이었으며 마치 네 컷의 만화처럼 감성적인 이야기를 전해 주고 있었다.

**백화점의 스토리**

근처의 대형 백화점으로 자리를 옮긴 두 사람은 명동의 일반 매장과 또 다른 분위기를 느낄 수 있었다. 이곳에는 일반 마트에서와 같은 요란스런 POP는 별로 없었고 매장의 점원들이 고객을 대하는 자세에 차이가 좀 있었다.

"아무래도 고급 매장이라서 그런지 직원들이 나름대로 교육을 잘 받은 것 같습니다. 이런 고급 매장의 특징은 다음과 같죠. 첫째, 일단 고객을 편안하게 합니다. 아까 봤던 시내 매장과 차이가 나는 부분이죠. 고객이 충분히 생각을 정리할 시간을 주면서 직원들은 조용히 기다립니다.

둘째, 고객이 직원을 찾는 느낌이 나면 신속하게 응대합니다. 아무래도 일반 매장보다는 규모가 작기 때문에 좀더 응대하기가 용이합니다. 그리고 '어떤 상품을 찾으시는지'가 아닌 '무엇을 도와드릴까요'로 시작합니다. 역시나 고객에 대한 부담을 매우 줄이고 있습니다.

셋째, 고객이 상품에 대해 물어 보면 편안하게 제품의 특징을 설명합니다. 그런 설명 과정을 통해 이 상품에 대해서는 내가 전문가라는 확실한 느낌을 심어 줍니다.

위의 일련의 과정이 바로 직원이 고객에 대해 포지셔닝을 하는 과정입니다. 그 다음이 바로 스토리의 마법이 들어가는 단계입니다. 물론 여기서도 직원들의 개인차가 있습니다만, 제일 쉽게 접근 하는 방법은 주로 어떤 사람들이 이 상품을 많이 사 갔는지에 대해 이야기를 하는 것입니다. 즉, 다른 사람들의 쇼핑 스토리를 들려주는 것이죠. 어떻게 보면 다른 사람들은 이 사람의 경쟁자입니다. 서로 더 잘 보이고 더 멋지게 되고 싶은 그런 경쟁자들이죠. 그런 경쟁자들이 이미 이 상품에 관심을 보였다고 말하면서 마치 고객이 유행에 뒤떨어지고 있다는 갈등을 심어 주는 것입니다. 갈등을 해결하는 방법은 바로 그 상품을 사거나 그것을 능가하는 더 고가의 상품을 사는 것이겠죠?

좀더 능력 있는 직원이라면 몇 마디의 대화를 통해 고객의 성향이나 구매 목적을 파악한 후 어떤 상품들로 구매를 하면 어떻게 만족을 얻을 수 있을지 스토리를 만들어 냅니다. 이런 경우는 짧은 대화에서 알게 된 고객의 상황으로 갈등 요소를 찾아내야 하니 좀더 고급의 스토리텔링이라고 할 수 있습니다. 이런 점에서 탁월해야만 백화점에서 인정받을 수 있을 것입니다. 어쨌든 직원은 고객에게 스토리의 마법을 구사합니다. 이제 공은 고객에게 넘어왔습니다. 그만 설명을 듣고 다음에 오겠다고 매장을 나갈지 아니면 이 상품이나 다른 대체 상품을 고를지 결정의 순간이 남아 있습니다. 이때가 매우 중요한 바로 진실의 순간인 MOT입니다.

고객의 선택을 기다릴 수도 있고, 과감하게 선택을 종용하는 말을 할 수도 있습니다. 곧 매진이라든지 인기 상품이라 구하기 어렵다는 말을 할지도 모릅니다. 오늘 밤 모임에서 당신을 정말 돋보이게 할 거라고 말할지도 모르죠. 어쨌든 지금 담당 직원이 하는 말은 고객의 판단에 매우 큰 영향을 끼치게 됩니다. 바로 이 부분에서 직원들의 능력 차가 드러나고, 많은 실적의 차이가 만들어지는 것입니다."

유진이 고개를 끄덕였다.

'스토리의 마법은 세일즈에서 정말 강력한 무기구나. 백화점이야말로 스토리의 마법이 정말 강력하게 작용하는 곳이라고 할 수 있군. 아니 어쩌면 그런 이야기를 듣기 위해 백화점에 가는 것인지도 모르지.'

유진은 스미스 박사의 조언을 들은 뒤 매장 직원들의 대응 방식, 고객에게 건네는 말의 내용을 살펴보았다. 그랬더니 역시나 다양한 유형들이 보였다. 이것들이 바로 스토리가 어떤 마법을 일으키는지를 확실하게 보여 주는 사례였다. 사람의 마음을 움직이는 방법! 유진은 스미스 박사가 오늘 했던 이런 시장 조사가 인생을 살아가는 데 매우 큰 도움이 될 거라는 확신이 들었다. 상대방이 나에게 호감을 갖게 하고 상대방이 내가 원하는 행동을 하게 되는 바로 그 방법인 것이다.

'아! 정말 인생 자체가 마케팅이며 스토리야. 내가 영화를 보든, 마트에 가든, 인터넷 쇼핑을 하든, 피자를 시켜 먹든 사람들이 나를 대하는 태도를 보고 매장을 어떻게 꾸며 놓고 나를 기다리고 있는지를 관심 있게 본다면 영향력 있는 다양한 스토리를 알게 되겠지. 어떤 식으로 내게 말을 하는지, 어떤 문구로 나의 판단을 독려하는지를 주의 깊게 들어 보면 상대가 어떤 스토리의 마법을 내게 시도하는지도 알 수 있을 것 같아!'

그렇다. 우리는 인생을 살면서 많은 사람을 만나고 또 많은 이야기를 나눈다. 그러면서 서로 이해하고 배려하고 설득하고 강요당하기도 한다. 내가 사람의 마음을 움직일 수만 있다면 단순히 이해당하고 배려당하고 설득당하고 강요당하는 게 아니라 오히려 그 반대편에 설 수 있을 것이다!

**음료수의 스토리**

두 사람은 백화점의 이곳저곳을 충분히 돌아보았다. 창문도 없고 벽에 걸려 있는 시계도 없어 얼마나 시간이 지났는지 알 수 없었다. 백화점이 원하는 것은, 고객들이 얼마나 시간을 보냈는지에 신경 쓰지 않고 쇼핑에만 집중하기를 원하는 것이다.

충분히 둘러보았는지 스미스 박사가 유진에게 나가자는 몸짓을 했다. 두 사람은 밖으로 나가기 위해 에스컬레이터를 타고 1층으로 내려갔다. 그때였다. 정문으로 향하던 두 사람에게 입구 쪽에서 하는 시음회가 눈에 들어왔다. 일반 마트에서 상품을 잔뜩 쌓아 놓고 판매를 목적으로 하는 그런 시식이나 시음과는 달리 말 그대로 시음 행사만 하고 있었다. 전형적인 이벤트였던 것이다. 마침 목도 마르고 해서 유진은 스미스 박사와 함께 행사장으로 들어섰다. 안내원들이 음료수와 함께 홍보물을 하나 주었는데 유진이 그 문구를 읽으며 미소를 지었다.

나른한 오후, 당신은 커피를 생각하지만 당신의 몸은 다양한 종류의 비타민을 원합니다. 비타민을 준비하기 힘드시다면, 멀티 비타민 드링크 비타민V를 찾아보세요. 오직 일에만 열중하세요. 일도 건강도 비타민V가 지켜드릴 것입니다.

"박사님. 이 제품의 스토리도 괜찮은 것 같아요. 나른한 오후엔 커피보다는 비타민이라는 콘셉트잖아요. 일과 건강이라는 키워드야말로 사람들이 가장 중요시 생각하는 거니까요. 이 카피를 보면 일과 건강을 챙긴다면 커피보다는 비타민이라는 논리를 은연중에 심어 주고 있어요."

"그래요. 이 상품이 들려주는 이야기가 유진의 마음에 그런 걸 느끼게 했다면 의도대로 잘 전달된 것이지요. 그럼 비타민 드링크의 가치와 유진의 감성이 이제 동기가 된 것이군요."

스미스 박사 역시 흐뭇한 표정을 지으며 음료를 집어 들었다. 시원하게 느껴지는 한 잔의 비타민 음료가 유진의 스토리 마법에 대한 갈증을 확실히 풀어 준 느낌이었다.

**소셜 네트워크의 스토리**
|
스미스 박사는 쉴 새 없이 울리는 휴대전화의 메시지를 보면서

무언가를 열심히 체크했다. 가끔은 아이패드를 꺼내 사진도 찍고 어디엔가 포스트를 올리기도 했다. 유진이 자세히 보니 유명한 소셜 네트워크 서비스의 로고도 간간이 보였다.

"박사님도 소셜 네트워크를 하시나요?"

스미스 박사가 웃으며 대답했다.

"물론이죠. 전부 일과 관련이 있습니다. 혹시 유진은 안 하나요?"

"아, 저도 계정은 있어요. 다만 너무 바쁘기도 하고 또 제 사생활이 노출되는 것 같아서 잘 안 하는 편이에요. 친구도 정말 친한 몇 명하고만 교류를 하죠. 제가 너무 유행에 뒤처지나요?"

"아닙니다. 당연한 반응입니다. 소셜 네트워크라는 게 유진이 우려하는 바로 그 관점에서부터 출발하는 거니까요. 소셜 네트워크의 위대함은 바로 그 정보들에서 나오는 거라서 정보를 제공할 의향이 없다면 굳이 열심히 할 필요가 없습니다."

유진이 갑자기 이상한 생각이 들었다.

"사람들은 그럼 왜 그렇게 정보를 보여 주는 걸까요? 다른 사람들이 다 보고 있는데도 말이죠. 상업적으로 악용될 수도 있구요."

스미스 박사는 잠시 고민하는 듯했다.

"유진처럼 친한 친구들과의 친목을 목적으로 하는 경우는 크게 정보가 유출될 게 없습니다. 어차피 다 아는 사람들끼리 공유하는 것이지요. 그러나 저처럼 사람과의 관계를 중요시 하는 사람들에게는 그렇지 않습니다. 적극적으로 정보를 제공하고 그렇게 함으로써 많은 사람들이 찾아오고 또 그들로부터 많은 이야기를 듣고자 하는 것이죠. 한마디로 주는 것만큼 받고 있습니다. 다만 저는 소셜 네트워크에서는 대놓고 비즈니스를 하지 않습니다. 사람들은 민감하죠. 뭔가 상업적인 냄새가 나면 진심을 끊습니다. 전 오직 사람들의 진솔한 이야기가 듣고 싶습니다. 그래서 제 소셜 네트워크에도 이런 스토리의 마법을 적용하고 있습니다."

"아, 궁금합니다. 소셜 네트워크에서 박사님이 어떻게 포지셔닝을 하고 또 거기서 어떻게 이야기를 만들어 가시는지!"

유진이 적극적으로 흥미를 보였다. 그냥 시간 낭비라고 생각했던 소셜 네트워크가 과연 어떻게 내 인생에 도움을 줄 수 있는지.

"소셜 네트워크상에서 스토리의 마법을 위한 3단계를 다시 한 번 해봅시다. 이건 제 경우입니다. 일단 이곳에서의 제 목적은 사람들과의 진지한 교류입니다. 그렇게 되기 위해서는 일단 제 페이지를 방문하는 분들로 타깃팅을 해야겠지요. 1단계,

나를 포지셔닝 하라. 전 경제경영 전문가입니다. 그리고 사진을 찍습니다. 그래서 주로 시장 돌아가는 새로운 뉴스들을 최대한 간결하게 정리해서 글을 올립니다. 그리고 새로운 곳에서 상상력을 자극할 수 있는 독특한 사진들을 직접 찍고 또 해석을 통해 의미를 부여합니다. 그럼 사람들에게 저는 어떻게 보이겠습니까? 어떤 사람들이 찾아오겠습니까?"

"저도 벌써 방문하고 싶어요. 정말 궁금해지는데요. 아무래도 경영이나 기획 그리고 아이디어가 필요한 사람들이 많이 찾아올 것 같습니다."

스미스 박사는 유진에게 친구들의 목록을 보여 주었다. 수천 명의 친구들 속에서 각계각층의 전문가들이 눈에 띄었다.

"네, 맞습니다. 제 글을 좋아해 주는 분들은 대부분 이 분야에서 열심히 활동하는 분들입니다. 이분들 역시 수많은 친구들이 있으니 몇 단계만 거친다면, 와우! 정말 많은 사람들이 제 글을 보고 있겠군요. 정말 책임감이 막중합니다."

유진은 스미스 박사가 대단해 보였다. 얼핏 봐도 참으로 정성들여 올리는 포스트들이었다. 수천 명의 친구들이라.

"그럼 관리는 어떻게 하시나요?"

"제게 관리라는 개념은 없습니다. 그저 교류만 있을 뿐이죠. 비록 수천 명의 친구들이지만 실제로 저처럼 열심히 포스팅을 하는 사람은 많지 않습니다. 대부분 보기만 하고 묵묵히 '좋아요'를 눌러주는 분들이죠. 하지만 상관없습니다. 어차피 그들이 글을 다 올린다고 해도 저도 못 읽습니다."

박사는 웃으면서 패드를 빠르게 문질러 유진에게 몇 개의 게시물을 보여 주었다.

"자, 이제 2단계인 마법의 스토리를 이야기해야 합니다. 제가 이곳에 글을 올리는 목적은 서로 진실을 이야기하고 의견을 듣기 위해서입니다. 그래서 비록 짧은 글이지만 이 이야기 안에 제가 느낀 내용에 대한 짤막한 발단, 전개, 위기, 절정, 결말을 담으려고 합니다. 때로는 반전도 넣습니다. 글이 재미가 있어야 하니까요. 소셜 네트워크의 일부만 보여 주는 기능이 사람들로 하여금 뭔가를 상상하게 하고, 기대하게 하므로 제게는 교류를 위한 좋은 도구를 제공합니다."

"아, 그럼 박사님의 글은 도입부에서 무언가를 기대하도록 글을 쓰시는군요. 그리고 끝까지 다 읽으면 어떤 결론에 도달하거나, 아니면 전혀 엉뚱한 결말에 다다를 수도 있구요."

"그렇습니다. 그것이 바로 이런 소셜 네트워크의 장점이자 재미입니다. 재미가 없으면 사람들이 모이지 않습니다. 수많은 능력 있는 사람들이 올린 재미있는 글들이 바로 소셜 네트워크로 사람들이 모이게 하는 이유죠."

"그럼 박사님, 원래 마케팅에서는 진실의 순간에 무언가 행동을 하도록 하는 세 번째 단계가 있어야 하잖아요. 소셜 네트워크에서는 어떻게 되는 건가요?"

"그렇죠. 좋은 지적이에요. 스토리의 마법이 마법을 부리기 위한 마지막 3단계. 마법의 말을 하라! 무엇을 해야 하는지 제시하라가 있었죠. 제 글을 읽으면 일단 다양한 생각들을 하게 될 겁니다. 그러면 적극적인 분들이 답글을 달겠죠. 그분들이야말로 정말로 제 스토리에 참여하는 분들입니다. 저는 그분들께 바로 마법의 말을 남겨드리고 있습니다. 바로 제 마법이 필요한 분들이며 저는 어떤 분들이 어떤 마법을 필요로 하는지에 대한 정보를 알 수 있습니다."

"하하! 박사님은 댓글을 다는 것도 참 재미있게 생각하시는군요. 그냥 장난스럽게 적는 댓글 속에 바로 그런 마법이 담겨 있을 수도 있군요."

"글쎄요, 장난일 수도 있습니다. 왜냐하면 소셜 네트워크는 기본적으로 즐기는 미디어이니까요. 사방에 웃음 표시가 난무합니다. 하지만 중요한 정보는 그곳에 다 있습니다. 원 게시글은 제가 제시한 화제에 불과합니다. 바로 그 댓글 속에 여러분들의 생각과 의견이 나오도록 제가 한 장치인 셈이죠. 심지어 그곳에 달려 있는 '좋아요'의 의견을 표시하신 분들이 어떤 분들인지 보는 것도 다 제게는 의미 있는 일인 셈입니다."

"우와! 박사님은 인생 그 자체가 마케팅이군요. 전 그렇게까지는 못할 것 같아요. 그냥 놀고 편하게 즐기는 게 아직까지는 더 좋아요."

스미스 박사가 고개를 끄덕였다.

"맞습니다. 사실 제 경우는 좀 직업병이기도 해요. 광적으로 사람들과 교류하고 이야기를 나누고 싶어 하는 면이 있습니다. 그렇다고 그리 피곤하지는 않아요. 왜냐하면 재미있거든요. 진심으로 좋아하고 즐기고 있습니다. 이번엔 제가 물어 볼게요. 유진은 앞으로도 계속 S상사에 다닐 겁니까? 아니면 혹시 다른 일을 또 할 것 같습니까?"

갑작스런 질문에 유진도 좀 당황스러웠다.

"갑자기 물어 보시니, 아무래도 언젠가는 어떤 다른 일을 할 수도 있겠죠. 박사님께 말씀 드린 대로 사실 저희 팀은 지금 해체 위기예요. 저도 다음 주엔 어디에 있게 될지 확신하지 못하구요. 하지만 박사님과의 대화를 통해 많은 걸 배웠고 또 자신감도 생겼습니다. 무엇이든 열심히 노력하고 도전할 거예요. 언젠가는 승진해서 S상사의 임원이 되는 그런 꿈도 꾸고 있답니다."

"그렇죠. 많은 분들이 그런 소망을 이야기합니다. 다들 인생에서 꾸는 꿈은 본인의 위치에서 더 높은 곳으로 가는 것일 겁니다. 하지만 꿈만 꾸어서는 안 되겠죠. 자, 그럼 어떤 노력을 해야 할까요?"

"글쎄요, 그냥 지금 하고 있는 일을 더 열심히 해야 하지 않을까요? 저야 지금 사업부서에서 마케팅이니, 세일즈니 이런 것들을 하지만 일반 사무를 보시는 분들은 그분들 나름대로의 일을 해야 할 테고, 또 연구 분야의 일을 하시는 분들은 그분들의 업무를 해야겠죠?"

"유진에게 해주고 싶은 말이 있습니다. 제 동생도 과학자이지만 전 항상 같은 조언을 합니다. 어떤 일을 하든지 상관없습니다. 사람에 대해 공부하고 마케팅에 대해 공부하세요. 인생은 사람을 상대로 하는 마케팅입니다. 내 상관에게 '나'라는 상품을 마케팅하는 곳이요, 내 회사를 위해 내가 하는 업무 자체가 마케팅입니다. 모든 회사는 이익을 목적으로 합니다. 제 동생은 과학자입니다. 과학을 하는 사람이 개발하고 발명하는 게 오직 기술을 위한 것은 아닙니다. 세상에서 필요로 하고 또 꼭 필요한 것을 개발해야 한다고 저는 강조합니다. 마케팅을 알고 또 사람을 알아야만 사람이 원하는 것을 만들 수 있습니다. 마케팅을 알고 또 상사를 알아야만 상사가 원하는 또는 회사가 원하는 나의 능력을 계발할 수 있습니다.

오늘까지 많은 시간 동안 유진에게 해준 수많은 이야기는 유진이 평범한 학생이거나 평범한 회사원이라도 똑같이 이야기하고 똑같이 보여 주었을 겁니다. 학교에서 그룹 과제 발표 자료 하나 만들어도, 회사에서 기획서를 하나 만들어도 반드시 생각해야 할 것은 그 발표와 기획서를 보고 듣는 사람들을 염두에 둔 마케팅이어야 한다는 것입니다. 앞으로 유진이 어떤 일을 하더라도 제 이야기를 꼭 기억하기 바랍니다."

스미스 박사의 이야기를 들으면서 유진은 졸타 할아버지를 떠올렸다.

'할아버지도 마케팅에 대해서 그런 이야기를 하셨었지.'

그러고 보니 경영에 관계된 일을 하는 사람들은 다들 마케팅을 생활의 일부처럼 생각하는 것 같았다. 모든 사람이 마케팅적인 사고를 가지고 있어야 한다고 말이다.


**이별 그리고 라플란드**

|

어느새 저녁이 됐다. 유진은 스미스 박사를 다시 호텔까지 바래다주었다.

"이제 내일이면 떠나는군요. 호텔에서 공항까지 차편을 제공해 준다고 하니 내일 이쪽으로 올 필요는 없습니다. 오늘이 유진과 마지막이네요. 유진 덕분에 한국에서의 시간들이 무척 즐거웠습니다."

"저야말로 박사님과 함께한 일주일이 제 인생에서 정말 중요한 시간이었습니다. 마케팅의 목적이 무엇인지 그리고 '스토리의 마법'을 어떻게 할 수 있는지를 깨닫게 되었어요. 앞으로 제가 회사 생활을 하는 데 정말 중요한 아이템을 얻게 된 것 같습니다. 원래 게임에서도 이런 마법 아이템은 정말 특별한 것이거든요."

유진은 스미스 박사에게 진심으로 고마운 마음이었다.

"언젠가 호주에 올 계획이 있습니까?"

"물론이죠. 부모님이 계신 곳이니 적어도 1, 2년에 한 번씩은 가보려고 해요. 자주 가려면 더 열심히 돈을 벌어야겠지만요."

유진의 대답에 스미스 박사가 알았다는 듯 고개를 끄덕였다.

"자, 이건 선물입니다."

스미스 박사가 유진에게 책 한 권을 건넸다. 안데르센의 동화책 『눈의 여왕』이었다.

"아, 이거 어릴 적에 봤던 것 같아요."

"유진에게 주려고 시내 서점에서 어렵게 구했습니다. 비록 동화지만 어린아이의 순진한 마음이 눈의 여왕의 마법을 풀 수 있다는 내용이죠. 사악한 거울 조각이 눈에 들어간 카이의 시각은 삭막해져버린 어른의 시각입니다. 하지만 게르다의 어린 아이 같은 순진한 마음은 눈의 여왕의 마법조차도 극복할 수 있는 것입니다. 좀더 창의적이고 신선한 스토리의 마법을 위해서는 이런 순수한 시각으로 세상을 바라볼 필요가 있다는 제 마음입니다."

"정말 감사합니다. 부디 건강하시고 호주에서 꼭 다시 만나뵐 수 있기를 바랍니다."

유진은 『눈의 여왕』 그림책을 들고 서서 호텔 로비로 들어서는 스미스 박사를 바라보았다. 짧은 시간이었지만 스미스 박사와의 일주일이 마치 영화처럼 눈앞에 펼쳐졌다. 나는 과연 거울 조각이 박힌 삭막한 카이일까, 아니면 순수한 영혼의 게르다일까? 택시를 타고 빠져나오는데 출구 표시가 마치 라플란드를 가리키는 표지판 같았다. 유진은 감회가 새로웠다.

'나도 라플란드에서 동화 속 스토리의 주인공이 되고 싶다!'

Yujin's Memo

## 스토리의 마법 ❺
# 스토리 마법의 사례

- **매장에 대한 고객의 소비 행태 분석**

  첫째 : 어떤 식으로 제품을 매장에 배치했는지 분석

  둘째 : 사람들이 어떤 상품을 주로 구매하는지 관찰

  셋째 : 어떤 동선으로 사람들이 움직이는지 관찰

- **구매에 영향을 미치는 인상적인 POP 관찰**

  유행어 스타일 : '여기저기 다녀 봐야 개고생입니다' '안 써봤으면 말을 하지 마세요'

  대화형 스타일 : '금연해 주셔서 감사합니다' '선물을 생각하신다면 이것' '최고 인기 상품' '오늘만 특가'

- **고급 매장의 특징**

  1단계 : Position myself

  일단 고객을 편안하게 안심시킴, 고객 문의에 편안하게 상품의 특징 설명, 전문성 보여줌

  2단계 : 스토리의 마법

  타인 만족 스토리 예시, 고객 성향 파악 후 고객 만족 스토리 생성

  3단계 : 결정적인 한 방

  선택에 도움이 되는 결정적인 멘트나 행동

# STORY...
# 심판의 날

●●

마른 땅에도 싹이 나고 꽃이 핀다

아침에 출근한 유진은 무언가 불길한 일이 있음을 직감했다. 사무실에 사람들이 보이지 않았다. 유진이 컴퓨터를 켜자 사내 게시판에 비상 공지사항이 깜빡이고 있었다. 구조조정 안이 발표된 것이다. 유진은 그것을 천천히 읽어 내려갔다. 숨이 막히는 것 같았다.

'아, 안 돼! 도저히 믿을 수 없어.'

유진 역시 1층 커피숍으로 내려왔다. 도저히 자리에 앉아 있을 수가 없었다. 어느새 건우와 서연도 옆에 자리해 유진을 위로했다.

"유진, 기운 내."

"나도 우리 회사 상황이 이렇게 안 좋은지 몰랐어."

건우가 흥분한 듯 말을 이었다.

"야, 채권단 정말 너무하잖아. 지금은 글로벌 위기 상황이라고. 에너지 사업 하나 펑크 났다고 60년 전통의 기업을 이렇게 흔들어 놓을 수 있는 거야?"

서연은 애서 침착하려 노력하며 말을 꺼냈다.

"사실 이사회하고 기획팀에서 채권단하고 조율한 내용이야. 노조도 참여했고. 어쨌든 이 상황에 대해 책임을 지고 젊은 사장님이 물러나신다는 게 제일 안타까운 것 같아. 다른 임원들에 밀려 항상 부딪히셨는데, 정말 운이 없으시지. 오너 직계 가족이라도 다 소용없구나. 난 우리 회사가 젊은 사장님을 통해서 스마트 시대의 대표 기업으로 거듭날 거라고 기대했는데."

서연의 말을 듣는 유진의 심정은 참담했다. 그때였다. 유진의 휴대전화 문자 메시지 벨이 울렸다. 팀원들은 회의실로 모이라는 긴급 공지였다. 허 팀장이었다. 유진은 서둘러 사무실로 다시 올라갔다.

30여 분 동안의 짧지만 엄숙한 회의였다. 허 팀장은 팀원들에게 회사의 결정 내용에 대해 담담하게 설명했다. 이번에 정리된 사업 2팀을 비롯한 여섯 개 사업부서는 명예퇴직의 형태로 위로금을 받고 전원 회사를 그만둔다는 것이 골자였다. 애초부터 노조가 합의한 내용이기 때문에 더 이상 항의할 곳도, 하소연할 곳도 없었다.

유진은 회사에서 제공한 박스에 소지품을 챙기기 시작했다. 사실 출근한 지 한 달 정도밖에 되지 않아 담아갈 짐도 별로 없었다. 회사 컴퓨터는 전산팀 직원이 나와 수거했다. 짐을 담을 때는 몰랐는데 전선을 다 뽑고 컴퓨터를 가져가는 모습을 보고 있자니 그제야 실감이 났다.

'아, 정말로 쫓겨나는구나.'

허탈했다.

'이런 경우도 있구나. 입사하고 한 달 만에 부서가 아예 없어져버리기도 하는구나. 한 달 만에 명예퇴직이 되기도 하는구나.'

유진은 텅 빈 책상 위에 박스 하나 달랑 올려놓은 뒤 주머니에 손을 넣고 의자에 앉았다. 뭐랄까, 말로 형언할 수 없는 허탈한 심정이었다. 문득 처음 이 책상에 앉았을 때가 기억났다. 그때도 이렇게 빈 책상에 앉아 휴대전화로 웹 서핑을 하고 있었다. 컴퓨터를 설치해 줄 때까지 빈둥거리며 이곳저곳 두리번거리던 생각이 났다. 정확히 한 달 후, 다시 이 자리는 처음 올 때처럼 빈자리가 됐다.

유진은 문득 어떤 꽃의 모습이 희미하게 떠올랐다. 수첩을 꺼내들고는 그 꽃에 대한 이야기를 천천히 적기 시작했다.

마른 땅에서 싹이 납니다.

세찬 바람에 흔들립니다.

엄청난 폭우를 버티어 냅니다.

어느새 길어진 줄기에 꽃이 피었습니다.

화려한 꽃입니다. 향기로운 꽃입니다.

꽃은 행복했습니다.

세상에서 가장 아름다울지도 모릅니다.

꽃은 잠시 우쭐했습니다.

그러나 외롭습니다. 기다란 줄기를 버티기 힘듭니다.

점점 시들어가고 있습니다.

결국 떨어졌습니다.

그러고는

땅은 다시 말라버렸습니다.

마치 아무 일도 없었다는 듯이.

유진은 글쓰기를 멈췄다. 이제 자신은 의미가 없어진 이곳에서 시든 꽃이 된 것만 같았다. 착잡한 마음이었다. 고개를 들어 다른 팀원들의 모습으로 천천히 시선을 옮겼다. 문득 슬퍼졌다. 그리고 안타까웠다. 자신이야 어차피 입사한 지 얼마 안 되었으니 없었던 일로 치고 새로 시작하면 될 것이다. 하지만 입사 5년차 대리님, 15년차 과장님 그리고 정년 5년 남기신 팀장님들은 얼마나 상실감이 클까. 당당하던 허 팀장도 짐을 정리하고 있었다. 얼굴은 벌겋게 상기되어 있었다. 화가 난 건지 당황스러운 건지 슬픈 건지 알 수 없었다. 그저 입술을 굳게 다물고 이것저것 되는 대로 담고 있었다. 도와드리고도 싶었지만 어느 직원도 나서지 못했다. 모두들 자신의 짐과 자신의 앞날만으로도 걱정이 태산 같았다.

**의리냐 도전이냐**

며칠이 지났다. 유진은 갑자기 졸타 할아버지가 보고 싶었다. 오랜만에 찾은 카페 젤라토는 예전 그대로였다. 그러나 할아버지는 없었다. 점원에게 물어 보니 요새 통 안 보이신다고 했다. 유진은 걱정이 됐다. 할아버지의 안부를 묻는 문자 메시지를 몇 통이나 보냈지만 회신이 없었다. 유진의 주변엔 이제 아무도 없는 것 같았다. 이제 고민을 이야기할 졸타 할아버지마저도 없다는 사실이 견디기 힘들었다.

유진은 카페에 앉아 멍하니 창밖을 내다보았다. 그때 전화기의 진동이 울렸다. 유진이 깜짝 놀라 전화기를 들여다보았다. 허 팀장이었다.

"네, 팀장님! 잘 지내시죠?"

유진은 팀장의 갑작스런 전화에 놀랐다. 그리고 팀장이 전한 소식에 한 번 더 놀랐다. 내용은 새로 구성된 이사회에서 해고된 직원들에게 구제 기회를 준다는 내용이었다. 자유로운 주제로 발표할 수 있는 기회를 줄 테니 자신이 회사에 기여할 수 있는 아이템이나 아이디어를 이야기하라는 것이었다. 유진은 팀장에게 사업 2팀에서도 많이 참여하는지 물었다. 팀장은 사업 2팀에서는 아무도 참가를 안 할 거라고 했다. 유진은 그렇다면 자신도 참가를 안 하겠다고 했다. 하지만 팀장은 이게 다 유진을 위한 것이라며 사업 2팀 사람들의 정성을 봐서라도 꼭 지원하라고 당부했다. 접수 시한인 저녁 6시까지 기획팀 담당자에게 꼭 연락하라는 말을 남기고 허 팀장은 전화를 끊었다.

유진은 갑자기 머리가 복잡해졌다. 사업 2팀 동료들. 비록 한 달이지만 정이 많이 든 동료들. 그들이 아무도 지원을 안 하는데 의리 없게 자기만 살겠다고 나가야 되는 건가? 못 다 이룬 꿈을 위해 한 번 더 도전을 해야 되나? 사실 인사팀의 반대를 무릅쓰고 자신을 뽑아 준 사장님도 그만둔 상황이라 어차피 지원해도 될 거란 가능성은 희박했다. 유진은 섣불리 결정을 내릴 수 없었다. 그렇게 시간은 계속 흘러갔다. 이제 오후 5시 55분. 신청을 하려면 지금 해야 한다. 어떻게 할 것인가.

저녁 늦게까지 유진은 카페에 앉아 있었다. 졸타 할아버지는 역시나 오지 않았다. 유진은 계산을 하고 집으로 향했다.

'그래, 어차피 이 모든 게 원래는 없던 것이었어. 그냥 마른땅이었지. 아무도 꽃을 기억하진 않아. 대신 꽃은 많은 것을 배웠어. 예쁘다는 소리도 들었어. 그래, 새로운 땅에서 다시 시작하자. 다시 꽃을 피워 보자. 시간은 항상 나의 편이잖아. 시간의 마법 같은 힘을 믿고 내가 하고 싶은 것을 다시 찾아보자!'

접수는 하지 않았다. 어차피 떨어질 텐데 굳이 해볼 필요도 없는 것이었다. 유진은 결국 의리를 선택했다. 동료들과의 신의를 지켰다는 생각에 지하철역으로 향하는 발걸음이 그리 무겁지만은 않았다.

**STORY... 에필로그**

# 발표, 그 후의 이야기

• •
당신의 인생이 힘이 든다면
그건 당신이 꿈을 잃어버렸기 때문이다

유진의 발표가 끝났다. 심사위원들은 무언가를 열심히 쓰고 있었다. 객석에서 지켜보던 일부 관계자들이 유진에게 박수를 보냈다. 소극장 밖에서 기다리던 건우와 서연도 발표를 마치고 나오는 유진을 향해 힘찬 박수를 보냈다.

"유진아! 정말 훌륭한 발표였어. 스미스 박사님께 많은 걸 배웠구나!"

건우의 칭찬에 유진은 긴장했던 가슴을 쓸어내렸다.

"제대로 했는지 모르겠어. 졸타 할아버지의 이야기와 스미스 박사님에게 배운 내용들을 바탕으로 나와 우리 사업 2팀이 회사를 위해 할 수 있는 스토리의 마법을 구성해 봤어. 급하게 준비하느라 발표 자료도 엉망이야. 건우에게 부탁했으면 지난번처럼 멋졌을 텐데."

유진은 다시 서연을 바라보며 말을 이었다.

"서연아, 정말 고마워. 네가 기획부에 있어서 정말 다행이야. 사실 난 접수 포기하고 계속 머리가 무거웠어. 허 팀장님과 우리 동료들이 나를 지지해 준다고 한 건데 내가 또 그 호의를 무시했나 싶어서 잠도 못 잤거든. 서연이 네가 대신 접수했다는 메시지를 받고 얼마나 기뻤는지 몰라."

"고맙긴. 허 팀장님께 감사해야지. 아무래도 네가 접수 안 할지도 모른다고 서류를 대신 준비해 놓으라고 하시더라고. 꼭 잘되면 좋겠다."

'허 팀장님이 그렇게까지 신경 써 주셨구나! 정작 당신은 지원도 안 하셨으면서.'

유진은 서연의 대답에 눈시울이 뜨거워졌다.

발표는 오후까지 이어졌다. 유진은 초조한 마음으로 다른 동료들과 함께 특별 공개 발표장으로 사용되던 소극장의 로비에서 대기했다.

**뜻밖의 재회**

발표를 기다리던 유진에게 누군가 찾아왔다. 인사팀 직원이었다. 아직 발표는 안 났는데 무슨 일인가 싶었다. 같이 어딘가 가야 한다는 것이었다. 유진은 무슨 영문인지도 모른 채 그를 따라 엘리베이터에 올랐다. 인사팀 담당자는 60층을 눌렀다.

'60층? 한 번도 안 올라가 본 곳인데?'

60층은 일반 직원 신분으로는 엘리베이터에서 누를 수 없는 층이었다. 이윽고 60층에 다다랐다. 유진은 조마조마한 마음으로 엘리베이터 문이 열리기를 기다렸다. 임원실인 것 같았다. 비서가 나와 유진을 안으로 안내했다. 정면에 문이 있었다. 유진은 깜짝 놀랐다.

그 문에는 전에 카페 젤라토에서 보았던 진실의 입 문양의 조각이 있었다. 유진은 당황스럽기도 하고 어떻게 해야 할지 몰라 문 앞에 서서 우물쭈물했다. 손을 넣어야 문이 열리는 것 같긴 한데, 도무지 알 수가 없었다.

"진실이 두렵나?"

인터폰으로 낯익은 목소리가 들려왔다. 너무도 반가운 목소리였다.

"졸타 할아버지?"

갑자기 문이 열렸다. 유진의 눈앞에 말쑥하게 정장을 입고 의자에 앉아 있는 졸타 할아버지가 보였다.

"할아버지? 여긴 웬일이세요?"

"웬일이긴. 여긴 우리 회사인데, 내 회사에 내가 있으면 안 되나? 그동안 쓰레기로 변했으니 내가 청소 좀 하려고 다시 들어왔지."

유진은 또 한 번 당황스러웠다. 아! 유진의 머리에 갑자기 무언가가 떠올랐다. 어쩐지 낯이 익었다 했다. 졸타 할아버지는 유진이 공부한 회사 자료에 있던 전임 회장님이었던 것이다. 그러나 그 사진에는 수염도 없고 그렇게 늙어 보이지도 않았었다.

"할아버지가 박지훈 회장님? 정말이세요? 제가 사진으로 뵌 모습하고 많이 달라 보여요!"

유진의 놀라는 모습에 할아버지가 고개를 끄덕였다.

"포토샵 한두 번 속나! 사진을 믿지는 말게. 그리고 내가 그랬었잖나. 죽을 고비 넘기느라 많이 늙었다고. 큰 수술하느라 몇 년을 병원에 있었네. 그 사이 우리 아들에게 회사를 좀 맡겨 놓았는데 이사들이 내가 못 일어설 줄 알고 장난을 좀 친 모양이야. 자체 조사 결과 몇 건의 비리를 찾아냈지. 어쨌든 당분간은 내가 다시 회사 재건에 참여할 예정이네. 그게 채권단하고 협의한 내용이야."

유진은 사장님의 거취가 궁금했다.

"할아버지, 아니 회장님! 그럼 사장님은 어떻게 되시는 거죠? 물러났다고 하시던데요."

"이번 자원 사업의 손실을 만들어 낸 이사들에게 책임을 물릴 생각이네. 사장도 관리자인 만큼 책임을 져야지. 일단 보직 해제하고 다른 계열사로 보냈어. 회사 상황 정리될 때까지는 피해 있는 게 낫지."

유진은 그나마 다행이라고 생각했다. 그러고 나자 할아버지에 대해 궁금한 게 너무나 많았다.

"그럼 졸타는 회장님께서 직접 만드신 건가요?"

"허허! 물론이지. 졸타 프로젝트는 내가 개인적으로 운영하려고 했던 공익사업이야. 병원에서 주변 분들의 이런저런 이야기를 듣다 보니 앞으로 내가 사회에 좀더 도움이 되려면 세상 돌아가는 이야기 그리고 사람들의 고민에 대해 관심을 가져야겠다는 생각이 들었어. 그래서 추진한 것이었지. 상담은 전담 직원들이 있어. 그런데 어느 날 한 상담 직원이 그러는 거야. S상사 신입사원이 고민을 접수했다고. 보니 자네더군. 그래서 내가 직접 대답해보겠다고 했지. 게다가 자네는 박지문 교수에게까지 도움을 요청했더군."

유진이 깜짝 놀랐다.

"박 교수님께 부탁드린 건 어떻게 아셨어요?"

"몰랐었군. 박 교수가 내 동생일세. 마케팅에 빠져 교수까지 하게 되었다는! 정유진 리포터가 S상사에 취업했냐고 물어 보더라구. 자네 대단하더군. 어떻게 박지문 교수까지 알고 있나? 어쨌든 내가 알아서 할 테니 동생한테는 연락하지 말라고 했어. 사실 그 친구보단 내가 좀더 낫지. 갠 사업을 제대로 해본 적이 없잖아. 이론만 최고지 뭐. 반면 난 수십 년 동안 바닥에서 구르며 익힌 마케팅이라네."

할아버지는 껄껄 웃으며 이야기를 계속했다. 유진은 그제야 왜 박 교수가 연락을 주지 않았는지 그 이유를 알 것 같았다. 사실 박 교수를 본 지는 오래지만 인터뷰를 할 당시 친절하게 대해 주었기 때문에 분명히 다시 연락을 줄 거라고 기대했던 것이다.

"그럼 저에 대해서도 이미 다 알고 계셨겠군요."

"물론이지. 누가 자네를 뽑았다고 알고 있나?"

할아버지의 갑작스런 질문에 유진이 당황했다.

"네? 그, 그건. 인사팀에서 알려 주기를 사장님께서 절 뽑았다고 하시던데요."

할아버지가 고개를 저었다.

"그렇지 않네. 물론 그렇게 생각하고 있겠지. 하지만 자네의 답안을 읽고 자네의 시간에 대한 통찰에 감탄해 적극적으로 자네를 추천한 건 나일세. 내가 사장보고 이 친구를 꼭 뽑으라고 했었지. 사장은 처음엔 원칙에 맞지 않는다고 거절했어.

어쨌든 내 예상대로 자네는 정말 특별하더군. 그리고 자네의 이력서, 자기소개서도 다 읽어 봤어. 사람을 뽑을 땐 신중해야 한다네. 뽑기는 쉽지만 내보내기는 정말 어렵거든. 건우, 서연 이 친구들 것도 모두 직원 파일에서 확인했지. 내가 고양이 이야기를 많이 한 이유를 알겠나? 자네 환심 좀 사려고 한 건데. 그런데 처음 봤네. 가족관계에 고양이를 적는 사람은 말이야. 강아지도 아니고."

할아버지의 설명을 듣고서야 유진은 할아버지와의 대화 속의 고양이들이 생각났다.

'맞다. 어쩐지 고양이 이야기를 많이 하시더라. 그래서 할아버지가 더 친근하게 느껴졌구나.'

"그럼 스미스 박사님 세미나에는 왜 안 오셨어요? 제가 기다리고 있었는데."

할아버지가 껄껄대며 큰 소리로 웃었다.

"내가 안 봤겠나? 난 분명 약속을 지켰네. 난 그 시간에 회사에 있었어. 다만 세미나실에만 안 들어간 거지. 사장하고 같이 사장실에서 사내 TV로 다 봤네. 자네 모르고 있었나? 우리 회사 모든 회의실에는 TV 중계 장치가 되어 있다는 거. 자네가 마케팅 전략 발표한 것도 그날 와서 다 봤네. 내가 가르쳐 준 걸 얼마나 잘 발표하는지 궁금했거든."

유진은 뜨끔했다. 본인들이 회의실에서 나눈 개인적인 대화까지도 다 들으셨을 거라는 생각에 혹시라도 실수한 건 없는지 걱정이 됐다.

"아, 회장님. 너무하세요. 힌트라도 좀 주시죠. 그나저나 오늘 발표에 대해 아직 결과를 못 받았는데, 혹시 결과는 언제쯤 알 수 있을까요?"

"오늘 발표? 그거야 당연히 떨어졌지. 기대하지 말게나."

할아버지는 대수롭지 않다는 듯 웃으면서 말했다. 할아버지의 반응에 유진이 화들짝 놀랐다. 심장이 멎는 것 같았다. 좀 전까지 화기애애하게 웃던 분위기가 일순간에 찬물을 끼얹은 듯했다.

"네? 정말요? 회장님, 전 그럼 다시는 S상사에 못 다니는 건가요?"

유진이 울먹이며 할아버지를 바라보았다. 할아버지는 유진을 보며 딱하다는 듯이 이야기했다.

"유진 씨! 자네는 S상사에서 해고야. 사실 오늘 발표한 친구들 중에 몇 명이나 붙을지 모르겠네. 채권단에서 해고 직원들

중에 정말 뛰어난 인재들이 있다고, 그 친구들을 구제해야 한다고 해서 한 이벤트인데 이미 뽑힐 사람들은 다 정해져 있다네. 물론 자네는 그중 한 사람이 아니야. 그냥 채권단이 만든 쇼의 들러리지. 개인적으로 난 자네의 발표가 충분히 감동스럽긴 하지만 그렇다고 굳이 지금 이 진흙탕 속에서 자네를 구제하려는 노력을 하고 싶지는 않다네."

유진은 당황스러웠다. 착잡하기도 했다. 하지만 이내 안정을 찾았다. 어차피 대부분 다 떨어지는 이벤트였고 또 사업 2팀의 팀원들 역시 아무도 없기는 마찬가지 아닌가. 그러니 합격하지 않더라도 사실 큰 미련은 없었다. 다만 그 시험을 안 봤다면 평생을 후회하며 미련을 갖고 살았으리라. 유진은 이런 말이 떠올랐다.

'인생에 조금이라도 후회할 만한 일이 있다면 지금 해라. 그러면 실패하더라도 미련은 없다.'

유진은 담담하게 자신에게 주어진 현실을 받아들일 준비가 됐다.

"회장님, 상관없어요. 그래도 전 최선을 다했고 그렇기 때문에 후회는 없습니다. 그동안 많은 도움 주셔서 진심으로 감사드립니다."

할아버지는 유진의 담담한 대답에 고개를 끄덕였다.

"역시 내가 사람 보는 눈은 있다니까. 그래, 패배를 순순히 인정하는 모습이야말로 누구보다 먼저 일어설 수 있는 준비가 된 사람이지."

그때 인터폰이 울렸다. 밖에 있는 비서였다.

"회장님, 손님이 오셨습니다."

할아버지가 환하게 웃으며 유진을 바라보았다.

"지금 유진 씨가 만날 사람이 있어. 아마 반가울 거야."

할아버지는 인터폰으로 비서에게 말했다.

"알았네. 모시고 오게."

유진은 무슨 영문인지 어리둥절했다. 문이 열리고 낯익은 얼굴이 들어왔다. 유진이 깜짝 놀랐다. 스미스 박사였다.

"스미스 박사님! 출국 안 하신 거예요?"

"유진! 다시 보니 반갑습니다. 물론 출국했었지요. 회장님이 급히 부르셔서 오늘 다시 들어온 것입니다."

유진은 스미스 박사와의 재회에 가슴이 벅찼다. 회장님은 흐뭇한 표정으로 유진에게 다시 상황을 설명하기 시작했다.

"지금 S상사는 채권단의 요구 사항이 많아서 지금 당장은 내가 할 수 있는 일에 제약이 많다네. 그래서 우리 계열사인 S마케팅연구소에 이번에 해고된 사업 2팀 팀원들 중 희망자들을 받아들이기로 했어. 물론 유진도 포함되어 있지. 신사업마케팅

그룹이 여러분들을 위해 신설되었고 허 팀장이 그룹장을 수락했네. 그리고 스미스 박사가 당분간 고문을 맡아 주기로 했으니 앞으로 좋은 활동 잘 부탁하네. S상사가 정상화되면 다시 돌아올 수 있도록 할 테니 걱정 말고."

유진은 뜻하지 않은 소식에 무척이나 감격스러웠다. 스미스 박사는 유진을 바라보며 한쪽 눈을 찡긋해 보였다.

'아, 스미스 박사님과 같이 일할 수 있다니! 그리고 사업 2팀 팀원들과도 다시 만날 수 있다니!'

정말이지 마법 같은 일이었다. 유진이 발표한 '스토리의 마법'대로 유진의 진실이 담긴 스토리가 유진의 인생에 마법 같은 힘을 발휘한 것이다.

**그 후의 이야기**

오랜만에 건우와 서연이 신사업마케팅그룹 사무실을 찾았다. 손에는 비타민 드링크가 각각 한 박스씩 들려 있었다. 유진이 스미스 박사와 백화점에서 보았던 그 상품이었다. 유진은 친구들도 반가웠지만 그 비타민 드링크를 보니 더 친근하게 느껴졌다.

'비타민! 너희 스토리가 사람들에게 잘 먹힌 모양이구나. 이

렇게 가만히 있는 나한테까지 찾아오는 걸 보면.'

유진은 드링크 병을 살피며 미소를 지었다. 문득 자신도 스미스 박사처럼 사물들과 대화를 하는 것 같다는 생각이 들었다. 건우와 서연이 사람들에게 일일이 드링크를 나누어 주며 인사했다.

"유진아, 어떻게 지내? 여기 일은 할 만해?"

서연과 건우는 유진의 새로운 생활이 무척이나 궁금한 모양이었다. 유진은 옆자리 책꽂이에 꽂힌 책들을 자랑했다.

"일단 이곳에선 이렇게 마음껏 책을 볼 수 있어서 너무 좋아. 음악도 있고."

그러더니 컴포넌트의 재생 버튼을 터치했다. 재즈피아니스트 김가온의 「May will make you happy」가 흘러 나왔다.

"오월은 정말 행복을 주는 계절이지. 마른 땅에서 다시 푸른 초록을 만들어 내었으니!

나는 회장님의 졸타 프로젝트를 담당하고 있어. 여기 봐. 이 많은 메일들이 졸타에게 보내온 사람들의 스토리야."

유진이 컴퓨터 화면을 가리켰다. 건우와 서연은 관심 있게 살펴보았다. 수십 건의 메일이 화면 가득히 담겨 있었다.

"우리는 이분들의 이야기에 귀 기울이고 있어. 그리고 생각해. 이분들에게 어떤 스토리의 마법을 전할 수 있을지, 어떻게 행복하게 해줄 수 있을지."

두 사람은 사연들을 훑어보며 고개를 끄덕였다. 유진은 친구들에게 또 한 가지 새로운 소식을 알렸다.

"아참, 친구들아. 내가 이야기했던가? 마케팅이랑 심리학 등을 제대로 공부하려고 대학원 석사과정에 원서 냈다는 거? 원래 전공했던 의류학도 살려 보려고 패션마케팅 전공으로. 그동안 공부는 나랑 상관없는 거라고 생각했었는데, 그래서 학부 때도 건성건성 했었는데, 회장님과 스미스 박사님과의 만남을 통해 왜 내가 공부를 해야 하는지 알게 됐어. 정말 가슴에서부터 공부를 하고 싶다는 생각이 절실하게 솟아올라. 언젠가는 박사학위에도 도전할 거야. 나, 잘 해낼 수 있겠지?"

건우와 서연이 고개를 끄덕이며 함께 유진의 손을 잡았다. 유진의 마음은 새로운 공부에 대한 기대감으로 벅차올랐다. 비록 회사를 다니면서 공부하는 일이 쉽지는 않겠지만 유진은 알고 있었다.

꿈이 있는 사람의 인생은 결코 힘들지 않다는 것을.
우리가 지쳐 쓰러지는 이유는 꿈을 잃고 방황하기 때문이라는 것을!

| 저자의 글 |

# 사람의 마음을 움직이는 스토리의 마법

마케팅이란 무엇일까? 많은 사람들이 마케팅에 대해 다양한 정의를 내렸다. 위키백과에서 마케팅을 검색해 보면 최근의 마케팅은 '소비자의 잠재적인 욕구를 자극해 표면상으로 이끌어 내는 행위나 동기'라고 정의하고 있다. 즉, 마케팅 교과서에서 정의하는 마케팅과는 사뭇 다른 정의를 내리고 있는 것이다.

그렇다. 마케팅의 패러다임이 바뀌고 있다. 본문에서 주인공들이 말하는 것처럼 마케팅은 살아 있다. 마치 유행처럼 밀려왔다 또 밀려간다. 기존의 마케팅이 적재적소의 광고와 영업 등의 판매 행위가 중심이었다면 이제는 장소나 시간에 얽매이지 않는 사람의 욕구를 자극하는 모든 행동으로 그 의미가 변해가고 있는 것이다.

그동안 마케팅 이론을 공부하면서 내가 느꼈던 생각은 '이렇게 방대하고 다양한 이론들 속에서 어떻게 내가 필요한 것을 선택하며 실전에 활용할 수 있을까'였다. 나는 항상 시간이 없고 또 게으르기 때문에 누군가 쉽게 풀어 잘 요리해서 내 입에 쏘옥 넣어 줄 만한 책을 기대했지만 안타깝게도 적절한 것을 찾을 수 없었다. 그래서 그동안 내가 들인 시간이며 노력이 다른 분들에게 조금이라도 도움이 되었으면 하는 마음으로 이 책을 기획하게 됐다. 어차피 그 수많은 이론들을 다 알 필요는 없을 것이다. 기본적인 내용을 알면 얼마든지 우리가 원하는 목적으로 응용이 가능하다. 무엇이 목적인지만 알면 가능한 일이다. 그래서 가장 유용하다고 생각되는 마케팅 이론 몇 가지와 최근 많은 사람들이 언급하는 스토리텔링 마케팅의 개념들을 모아 쉽게 정리하고자 했다.

이 책의 스토리 라인은 내 친구의 황당한 경험에서 출발한다. 국내 유수의 휴대전화 제조업체를 다니던 그 친구는 중소업체로 스카우트 되었다. 이때만 해도 더 높은 지위, 더 좋은 대우를 꿈꾸었는데, 몇 달 만에 청천벽력 같은 일이 일어났다. 그 회사가 다른 대기업과 합병이 되면서 그 친구의 부서 사람들이 모두 해고된 것이다. 그렇다. 실제로 이런 일은 얼마든지 일어난다. 스카우트 되었으니 이 사람만 예외라는 조항도 없었다. 이 책은 황당한 경험을 한 내 친구의 경험에서부터 우리의 고용 환경이 얼마나 불안한지, 또 그 속에서 어떻게 살아남아야 하는지 고민하는 주인공의 모습을 그려 보고자 했다.

이 책의 내용은 마케팅과 스토리텔링의 이론과 원리에 대한 기초적인 설명을 다루고 있다. 하지만 이를 주인공들 간의 대화와 이야기로 풀어 내면서 독자들도 이들과 함께 고민하며 문제를 풀어 가는 방향으로 '스토리'를 기획했다. 흔히 자기계발서는 다 아는 내용이라고 말한다. 물론 대부분 그렇다. 누구나 아는 이야기이다. 그럼에도 그 다 아는 이야기를 반복하는 것은 그것을 실천하기가 너무 어렵기 때문이며, 우리가 배워야 할 점은 그들이 어떻게 그걸 이해하고 인생에 적용했는지 그 경험담을 듣는 것이다.

마케팅 이론에 대해서 역시 많이들 알고 있을 것이다. 그리고 알 필요가 없는 사람도 분명히 있을 것이다. 하지만 몇 년간 공부하면서 깨달은 것은 마케팅은 누구나 분명히 알아 둘 필요가 있다는 점이다. 즉, 자기계발을 위해 꼭 필요한 것이다. 왜냐하면 마케팅이라는 것 자체가 어떻게 보면 상대의 마음을 움직이는 기술이기 때문에 이 기술을 잘 알 수 있다면 인생에서 정말 강력한 아이템 하나를 획득하는 것이기 때문이다. 속된 말로 사기 캐릭터라는 표현이 있다. 어떤 사람이 너무나도 뛰어난 능력을 보일 때 비유하는 말인데, 자세히 보라. 아마도 마케팅의 뛰어난 능력을 갖고 있는 사람이었을 것이다.

많은 세일즈 관련 서적에서는 어떻게 하면 심리적으로 소비자를 흔들고 유혹할 수 있는지를 이야기한다. 하지만 누구라도 속았다는 느낌이 들면 감정이 상하고, 요새와 같은 소셜 미디어 시대에는 그런 나쁜 감정이 쉽게 공유되고 확산된다. 그래서 나는 유혹이라는 말을 별로 좋아하지 않는다. 쓸데없는 것을 사게 만드는 게 마케팅은 아니다. 나를 거짓으로 포장하는 그런 위선적인 방법이 마케팅은 아니다.

좋은 마케팅이란 상대가 나에 대해, 나의 진심에 대해 이해하고 공감하며 내가 제안한 방법과 내가 권한 상품 및 서비스에 만족하고 궁극적으로 행복해져야 하는 것이다. 우리는 서로 진심이어야 하고 항상 새로운 지식과 지혜를 갈구해야 하며 그것을 통해 삶의 즐거움과 행복을 느낄 수 있어야 한다. 아이폰을 사용하면서 행복하다면 그것은 애플의 마케팅이 뛰어난 것이다. 휴대전화를 쓰면서 던지고 싶은 기분이 들거나 정말 쓰레기 같이 느껴진다면 그것은 속은 것이며 잘못된 마케팅이다. 아무리 좋은 말과 멋진 그림으로 유혹한다 한들 두 번 다시는 안 넘어갈 것이다. 아니 다른 사람들이 더 이상 피해를 보지 않도록 소셜 미디어를 통해 열심히 악담을 할 것이다. 이것이 바로 과거의 마케팅과 차별화되는 현재의 마케팅이다.

우리는 힘든 산업 사회를 거쳤다. 이제 이른바 선진국의 대열에 들어선 것이다. 우리 상품이 세계 최고의 상품이 됐다. 이제 우리는 더 이상 양으로 성장하는 것을 최고의 가치로 두지 않는다 우리는 점점 사람에 대해 관심을 가질 것이며 우리 인생의 질이 향상되는 것에 관심이 많아질 것이다. 그러므로 마케팅은 우리가 어떻게 행복해질 수 있는지에 초점을 맞춰야 한다. 그것이 우리가 살아가는 방법이며 신뢰를 기반으로 해야 하는 이유다.

그래서 이 책에서는 단순한 세일즈의 증대를 위한 도구로 설명하기보다는 어떻게 우리의 진실에 다가갈 수 있는지, 어떻게 우리의 인간관계에 이런 내용들을 반영하고 또 적용할 수 있는지를 이야기하고 싶었다. '다른 사람들과 진심으로 이야기하는 법'을 담고자 했다. 본문에 주인공인 유진이 다양한 마케팅 기법을 통해 자신의 삶을 분석하는 장면이 있다. 책 내용 중 졸타 할아버지나 스미스 교수의 이야기처럼 삶 그리고 우리의 인간관계는 끊임없는 복합적 마케팅의 과정이다. 다시 말해서 모든 인간관계에서 수많은 마케팅의 노하우가 파생될 수 있는 것이다.

이 책을 선택한 여러분도 이 책을 통해 '마케팅'과 '스토리'라는 좋은 아이템들을 갖게 되었기를 바란다. 여러분의 인생을 위해 정말 쓸모 있는 도구가 되었기를 바란다. 그리고 여러분의 삶에서 좀더 진지하고 보람 있는 스토리가 만들어지기를 바란다. 이를 통해 다른 사람들과 보다 더 즐겁게 교류할 수 있고 삶이 더 윤택해지기를 진심으로 희망한다.

끝으로 공부하는 과정에서 많은 가르침을 주신 중앙대학교 의류학과 패션마케팅 전공 홍병숙 교수님, 이은진 교수님께 진심으로 감사드리며, 이 책의 출간을 위해 많은 조언을 아끼지 않은 김상훈, 전성호, 김희경, 강진모 님 등 많은 동료들, Motiv Forum의 이정희, 이은혜, 이창일 님 등의 가족 여러분, TEDxItaewon의 박정윤 님, 북이십일의 김영곤 대표님, 김성수 실장님, 심지혜 팀장님, 장보라, 조유진 님께도 깊은 감사의 말씀을 드린다.

2012. 12.

스토리의 마법이 여러분께 인생의 희망을 이야기해 주기 바라며
공동저자 의류학 박사 **정선혜**

| 참고문헌 |

『설득의 심리학』 로버트 치알디니 저, 21세기북스
『마케팅』 곽동성 편저, 동성출판사
『소비자 행동론』 마이크 솔로몬 저, 대영사
『마케팅의 시크릿 코드』 홍성태 저, 위즈덤하우스
『보랏빛 소가 온다』 세스 고딘 저, 재인
『스틱』 칩 히스·댄 히스 저, 웅진윙스
『쇼핑의 과학』 파코 언더 힐 저, 세종서적
『제품보다 스토리를 팔아라』 고사카 유지 저, 중앙Books
『대화를 이끌어 내는 테마』 강유정 편저, 갑진출판사
『5가지만 알면 나도 스토리텔링 전문가』 리처드 맥스웰·로버트 딕먼 저, 지식노마드
『스토리텔링의 기술: 어떻게 만들고 적용할 것인가』 클라우스 포그 외 저, 멘토르
『대화와 협상의 마이더스 스토리텔링』 아네트 시몬스 저, 한언
『화술로 성공하라』 데일 카네기 부부 저, 율곡문화사
『홈쇼핑 매출의 달인』 티모시 R 호손 저, 넥서스BIZ
『이야기의 힘』 EBS 다큐프라임 제작팀 저, 황금물고기
『스토리텔링의 비밀』 마이클 티어노 저, 아우라
『스토리텔링』 크리스티앙 살몽 저, 현실문화
『눈의 여왕』 안데르센 저, 인디고
『모모』 미하엘 엔데, 비룡소
『시간의 마법』 정선혜·서영우 저, 21세기북스
http://www.innocentdrinks.co.uk